PRIMER LLAMADO
EL RECLUTA 51

PRIMER LLAMADO
EL RECLUTA 51

LUIS VEGA

Publicado por Eriginal Books LLC
Miami, Florida
www.eriginalbooks.com
www.eriginalbooks.net

Editor: Alain L. de León

Printed in the United States

ISBN- 978-1-61370-042-6

Library of Congress Control Number: 2014944022

Índice

PRÓLOGO

Las pesadillas también tienen sus aniversarios, aunque lastimen y nos remonten al sitio donde preferimos no regresar. La memoria, sin embargo, será el recurso esencial para que los cubanos puedan dilucidar en el futuro las razones o sinrazones del tiempo, totalmente aciago que nos ha tocado vivir. Este 2014, por ejemplo, la llamada «Crisis de los Balseros» cumple veinte años, y la mayoría de los cubanos que emprendieron aquella incierta aventura desde el malecón habanero y otras costas de la Isla, hoy son personas de bien en la nueva vida que les dispensó la libertad americana, no sin antes haber despejado numerosos escollos.

También en el 2014 se celebra otra fecha inquietante del calendario revolucionario: medio siglo del primer llamado del Servicio Militar Obligatorio, entre los más siniestros programas de adoctrinamiento y control de la juventud, diseñado por la voluntariedad totalitaria. Por supuesto, no fue la única intromisión en la privacidad de la familia, tan vapuleada por el Régimen, pues de triste recordación es el plan «La Escuela al Campo», donde los estudiantes de enseñanza secundaria eran conminados a desempeñar labores agrícolas durante cuarenta y cinco días cada año, de modo también forzoso.

Luego de tantas tropelías, se coincide en decir que cada cubano anda con su ordalía personal a cuestas, ya sea por la forma de padecer el Sistema o de escapar del mismo.

Algunos tienen la facultad de entregarnos el vivo testimonio del tormento; otros no han disfrutado de esa catarsis y guardan dichos capítulos en algún oscuro rincón del corazón, casi siempre a punto de estallar.

Entre los primeros, y gracias a este libro que tengo el placer de presentar, se encuentra un esmerado pintor, tan cubano como las palmas de sus extraordinarios paisajes; quien ha decidido compartir con nosotros los tres años y sesenta días cuando dejó de ser persona, por cortesía de las Fuerzas Armadas de los Castro, para transfigurarse en alguien anodino: *El recluta 51*, que es como se titula este volumen.

En poco más de sesenta viñetas, repartidas en cuatro capítulos, el reconocido pintor Luis Vega ha dejado a un lado los pinceles para contarnos en detalle su experiencia como recluta «siete pesos», término peyorativo empleado para retratar a los lastimeros soldaditos que recibían como estipendio mensual la cifra indicada en el sobrenombre.

Tal vez no resulta exacto decir que Vega ha prescindido de sus pinceles cuando lo que transpira de su literatura testimonial son cuadros deliberadamente elaborados sobre cómo se sufre la reclusión desatinada y el corte abrupto de la libertad natural, para cumplir, inexcusablemente, los más absurdos designios patrioteros y oportunistas.

Fueron esos mismos pinceles sus aliados en momentos difíciles, sobre todo para eludir, cada vez que la oportunidad se presentaba, la perversidad de los obtusos oficiales, encaprichados en hacer de aquellos muchachos imberbes, los llamados «hombres nuevos» que requería la Revolución.

Por supuesto que se dan cita en estos cuadros escritos: el absurdo, la crueldad y el surrealismo consustancial a los disparates del enclave socialista del Caribe. No pocos nos sacan la sonrisa cómplice, porque solo nosotros sabemos que son reales, mientras otros resultan patéticos por todo el daño que engendraron.

Asimismo *El recluta 51* se integra, por derecho propio, a la gran referencia picaresca, de tantos cubanos tratando de sobrevivir a contracorriente en un país en guerra consigo mismo.

Son textos que se leen de una sentada, porque van directo al grano, sin tribulaciones filosóficas ni trascendentales por cuantos. Traídos a la literatura medio siglo después de haber acontecido, se infiere que la huella dejada en su protagonista tiene caracteres indelebles. Se percibe en el pulso de la narrativa, sin rencor ante lo que fuera irremediable.

Hubiera sido preferible otro aniversario más común, menos doloroso, como suele ser la educación sentimental de cualquier joven. *El recluta 51* es, sin embargo, un necesario ejercicio de exorcismo en el rompecabezas cubano, para recordar y no olvidar, para que no vuelva a ocurrir.

Alejandro Ríos
Periodista y crítico de cine

13

I
LA PESADILLA

EL TELEGRAMA

Abril de 1964, año bisiesto

En aquellos días se sentía la brisa de nuestra primavera tropical, pero al mismo tiempo percibíamos una nube negra que se cernía sobre nuestra isla, con el presagio de la pesadilla que se avecinaba.

Por entonces, yo estudiaba en el preuniversitario de La Habana con gran entusiasmo y buen promedio en los exámenes. Además, en mis planes estaba matricular en la Escuela de Artes Plásticas San Alejandro, ya que la pintura era mi pasión. El mundo por aquellos días se movía inquieto: los militares derrocaban al presidente de Brasil Joao Goulart; el Gobierno inglés sentenciaba a 307 años de prisión a los doce hombres que realizaron el Gran Robo al tren de Inglaterra; y la empresa IBM presentaba su primer modelo de computadora serie 360. Sin embargo, para mí el hecho de mayor relevancia fue cuando los Beatles ocuparon la primera posición en la lista de *Billboard*, con la canción *Twist and Shout*. Mientras, en La Habana, las autoridades perseguían a los jóvenes que portaban discos de los Beatles o, simplemente, por tener el pelo largo.

Como joven, al igual que el resto de mi generación, me impuse ser feliz, a pesar del Régimen. Hasta ese momento había podido evadir los planes mesiánicos del nuevo Sistema, pero no sabía hasta cuándo. Aquel lunes al regresar de la escuela, cuando me acerqué a mi madre para darle un beso, vi en ella una mirada diferente y escurridiza.

—¿Pasa algo mami? —pregunté.

Con los ojos fijos en el piso me respondió:

—Bueno, mi hijo, ahí te dejaron un telegrama...

Se me heló la sangre y una inmensa tristeza se apoderó de mí, porque en aquellos días los jóvenes estábamos pendientes del último invento del Gobierno: el Servicio Militar Obligatorio. En mi centro de estudios ya habían citado a varios amigos para ser reclutados y a cada uno le habíamos hecho una pequeña fiesta de despedida y consolación. A Tulio le organizamos un motivito en el Club Kasbah de El Vedado, aunque en realidad, por las caras de desconsuelo de todos nosotros, aquello parecía un homenaje póstumo. Días después, Tulio fue rechazado porque no veía bien de un ojo y regresó feliz a su casa con nuevos bríos para organizar mi despedida, ya que el telegrama que yo había recibido decía: «Preséntese el 17 de abril de 1964, a las 10.00 a.m., con cepillo y pasta de dientes y un jabón, en el estadio Cardona de La Víbora».

Este reclutamiento hubiera sido impensable durante los años de la República, pero las noticias decían que nos amenazaban por todas partes, por lo que había que estar preparados y alertas, y para eso nos pidieron nuestros brazos y nuestro tiempo.

Aquel fatídico día mi padre me acompañó hasta el estadio. Su cara sombría revelaba el futuro, por eso no quiso esperar el momento en que me llamaran y nos despedimos antes con un fuerte abrazo. Había miles de jóvenes atrapados en aquel lugar, yo era uno más entre ellos, sin embargo, no vi a nadie riéndose, sólo caras tristes reinaban en el ambiente. Pronto por los altavoces comenzaron a llamarnos. Al escuchar mi nombre éste retumbó en mi cabeza como un mazazo.

Llenos los camiones con los nuevos reclutas, la caravana atravesó la capital tomando el túnel que conduce a La Habana del Este. Luego de recorrer varios kilómetros, redujo la velocidad y giró a la derecha, topándose con un cartel que decía: «Colinas de Villarreal». Era un barrio de clase media, convertido en una unidad de reclutamiento y selección de los «implicados» que formaríamos parte de ese primer llamado.

LA SELECCIÓN

Nuestra odisea comenzó con el chequeo médico, que decidiría si el recluta se quedaba o sería devuelto a su casa. Los motivos del rechazo podían ser varios: problemas en la vista, los pies planos, desviación de la columna vertebral, asma, la ausencia de un riñón o cosas por el estilo. No tuve suerte, pues no estaba «premiado» con ninguno de esos impedimentos.

Los que éramos aprobados en el examen médico, como en una línea de producción, pasábamos a la siguiente sección, donde nos disfrazaban de soldaditos con uniformes que casi nunca correspondían a nuestras tallas, y que nos hacían parecer unos espantapájaros.

Cuando me vi vestido de verde olivo pensé: «Esto no me está pasando a mí». Me parecía increíble terminar enfundado en aquel uniforme.

El próximo paso automatizado era pelarnos a todos iguales, al cero. Mis cabellos fueron arrasados por una máquina criminal que se ensañó con mi mota, la que con tanto esmero cuidaba con gomina.

El final del recorrido fue uniformarnos el cerebro: la charla política. Fueron horas interminables explicándonos lo afortunados que debíamos sentirnos por ser parte de aquella selección. En dicho círculo político aparecieron: Marx, Lenin y Martí, en un gran ajiaco ideológico, creado a conveniencia del Gobierno, para justificar nuestra presencia allí.

Al terminar la charla del político, la frase de más peso que resumió toda su verborrea fue:

—Reclutas, tengan esto bien claro: ustedes, al llegar aquí, dejaron sus cojones en la entrada del campamento.

Después de aquella descarga dogmática nos condujeron a los dormitorios, señalándonos nuestras camas. Me quedé dormido mirando el techo, tratando de imaginarme lo que nos esperaba al otro día.

A la mañana siguiente...

¡DE PIE...! Se despeja la incógnita con aquel grito atronador que nos lanza de las literas y nos lleva directamente a una especie de lavaderos para asearnos un poco.

Limpiándome los dientes un recluta me preguntó:

—*Compa, ¿me pretas tu cepillos de diente?*

—¡Pero cómo te voy a prestar mi cepillo de dientes!

—*¿Tú no ere mi compañeros?*

—Sí, soy tu compañero, pero no soy un cochino.

En ese instante nos mandaron a formar filas. No había amanecido aún y ya marchábamos a paso doble con el 1, 2, 3, 4...; 1, 2, 3, 4... Y yo me decía en voz baja: «Comiendo mierda y rompiendo zapatos».

LA PRIMERA ESCUELA MILITAR

Luego de los primeros días en Colinas de Villa-rreal, y de ser seleccionados por una especie de comisión de control de calidad, fuimos enviados al siguiente paso de aquella producción en serie: la primera escuela militar —algo parecido a un centro de reeducación—, para que entráramos por el aro como los perritos del circo.

Llegamos de noche, muertos de sueño y ansiando una cama para descansar. Mas, como es conocido que en ese Sistema la eficiencia no es su virtud, al entrar en el dormitorio nos llevamos una sorpresa: no había camas. Entonces, sin compasión alguna nos dijeron:

—¡Acomódense como puedan
que en estos días llegan las literas!

Esa fue nuestra bienvenida en la primera escuela militar, por lo que tuvimos que adivinar algún espacio en el cemento frío.

Ya acostado percibí que tenía la bota de alguien cerca de mi oreja, un pie sobre mi pierna y, lo peor, otro pie sin media cerca de mi nariz. Si esta imagen se hubiera visto desde lo alto, habríamos parecido cadáveres en un campo de concentración nazi. Dormimos de un tirón y de la misma forma nos despertamos con el ya conocido: ¡DE PIE!

Rápidamente nos formaron y nos pusieron a marchar por todo el campamento: se iniciaba el entrenamiento. Dejábamos de ser seres pensantes para convertirnos en ganado que a una voz de mando respondiéramos dóciles y condicionados, tal como reaccionaba al timbre el perro de Pavlov.

La gran marcha la sufrimos todo el día, cambiando constantemente las voces de mando:

—¡Alineaciooón derecha! Izquierda, izquier. Derecha, deré... ¡A retaguardia, MARCHEN...!

1, 2, 3, 4...; 1, 2, 3, 4...

En aquellas marchas siempre me confundía e iba al revés de los demás.

—¡A paso doble!: 1, 2, 3, 4...; 1, 2, 3, 4... ¡ALTO...! A intérvalo cerrado. ROMPAN FILAS.

Ante aquella palabra que me sonó rara, me atreví a corregir a ese sargento oriundo de Oriente:

—Perdón, sargento, usted dijo intérvalo, pero, en realidad, se dice intervalo.

A lo que respondió:

—En el ejército se dice intérvalo.

—Ah, no sabía sargento, todos los días uno aprende algo nuevo —respondí resignado.

Este sargento era el mismo que se preocupaba mucho por la sanidad del campamento; ese día nos dijo molesto: «Hay mucha suciesa y cácara e mango por to eto».

Era cierto, la higiene no andaba nada bien, pues cuando entramos al comedor las largas mesas de granito estaban negras debido a la cantidad de moscas muertas. Habían echado un insecticida por los al-

rededores para combatir la plaga, cuyo primer efecto
era que se atontaban y después, como lo que son,
moscas asquerosas, se tiraban en clavado sobre la leche del desayuno o sobre la comida. Estuvimos días
sin comer hasta que el hambre apretó y no nos
quedó más remedio que, con la manga de la camisa,
barrer la alfombra de moscas sobre la mesa y sacar
las que caían en los platos, porque el hambre... es
algo muy serio.

LAS CAMAS DE CARTÓN

La creación del Servicio Militar Obligatorio le sirvió al Gobierno para militarizar aún más al país, pero no tuvo en cuenta un pequeño detalle: no tenían camas para los reclutas, por lo que, como antes les había comentado, tuvimos que dormir en el suelo. Esto duró más de un mes.

Para evitar descansar directamente en el piso, como puercos en una cochiquera, decidí buscar algunos cartones, para lo cual me dirigí a la cocina. El cocinero al conocer mi urgencia me regaló una caja de cartón de leche condensada. Se lo agradecí mucho. Cuando terminé de zafar la caja, vi que el resultado no era el esperado, ya que apenas me cubrió la espalda. Otros estaban peor, pues no tenían nada. Pasó la noche y al otro día, al regresar de las marchas, me encuentro con que mi cartón-cama había desaparecido, por lo que tuve que dormir otra vez en el frío suelo, el cual compartí con varias cucarachas que parece que les caí bien, porque no me abandonaron en toda la noche. A la mañana siguiente regresé donde el cocinero, quien después de escucharme el relato del hurto con alevosía, conmovido ante ese hecho delictivo y en desagravio, me regaló una caja mucho más grande y de un cartón corrugado grueso. Al zafarla aprecié que era bien extensa, casi del largo de una litera y de un ancho suficiente. Esa noche dormí a pierna suelta.

Previniendo que pudiera suceder otro *facho* le escribí mi nombre en un lugar discreto, para poder identificarla como maleta en aeropuerto. Mi sospecha se materializó, cuando de regreso al dormitorio, con un gran cansancio, descubro que mi cartón-cama había desaparecido. Después de una mirada a mi alrededor, distinguí, no muy lejos de mi espacio, a mi colchón improvisado. Me dirigí directamente al susodicho y lo increpé con cierta diplomacia:

—Oye, ese cartón es mío.

A lo que me respondió:

— Olvídate de eso, que este cartón no es el tuyo.

Pero insistiendo en el asunto le dije:

—Desde aquí estoy leyendo mi nombre en el cartón —y antes de que dijera media palabra le allané el camino al agregar—: Ve a la cocina y dile de mi parte al cocinero, que te de uno igual, que yo vi varios que le sobraban.

A continuación recogí el mencionado objeto de la discordia y me lo llevé sin darle tiempo a justificar lo injustificable, y quedar como mentiroso ante mí.

Días después me conseguí una caja para mis artículos personales y la coloqué a la derecha de mi improvisada cama, como si fuera una mesita de noche de la miseria. Para mi satisfacción, este proyecto mobiliario fue imitado por muchos, algo que, a decir verdad, más que un dormitorio, le daba a aquel local un aspecto de favela. Eso, sin contar que siguiendo la pauta de la improvisación gubernamental, nuestro dormitorio había sido un criadero de pollos. Lo evidenciaban los pequeños orificios que poseía en lugar de ventanas. Esto producía un calor asfixiante y una gran sensación de claustrofobia. Además, aún quedaba en el aire un cierto aroma avícola.

Al fin llegaron las literas, las cuales, comparado a dormir en el suelo, nos parecieron camas de hotel de cinco estrellas. No sé si fue un plan maquiavélico, para que nos sintiéramos agradecidos, después de habernos tenido durmiendo como perros por tanto tiempo, o la acostumbrada ineficiencia organizativa del Gobierno. En nuestra inmensa jaula de pollos, aquella barraca donde dormíamos, nos tocó armar las literas y luego ubicarlas en tres hileras. Las de los lados eran literas dobles, pero la del centro, como el techo era a dos aguas y más alto, nos ordenaron que la armamos de tres. De más está decir que varios reclutas se cayeron dormidos desde el tercer piso, con la lógica rotura de huesos y cabezas.

Un sargento dijo que la culpa era de los que se caían, porque quién había visto que para dormir haya que dar tantas vueltas en la cama.

LA INSPECCIÓN

Sólo teníamos dos minutos para vestirnos, tender la cama, afeitarnos y estar listos frente a la litera para el pase de inspección. El primer día, por falta de experiencia, apenas me dio tiempo para vestirme. El sargento me dijo que por ser la primera vez me lo perdonaba, pero que no sería compasivo si en la próxima inspección no estaba listo. Ante tal urgencia decidí investigar con uno que llevaba más tiempo que yo, sobre cómo podía solucionar ese inconveniente. Según él, la mejor forma de aprovechar el tiempo para llegar a ser una máquina eficiente era afeitarse con talco.

—¿Cómo con talco? ¡Eso es imposible! —contesté.

—Sí —repitió—, con talco la cuchilla trabaja casi como con crema de afeitar. Tú verás.

Bueno —pensé—, déjame probar a ver qué pasa. No obstante, había un problema, ya no teníamos las tan apreciadas cuchillitas del imperialismo, sino unas de los países amigos que ostentaban el nombre de Unidad por la Paz —qué nombrecito tan altruista para unas navajas—, a las que cariñosamente llamábamos: «Lágrimas de hombre».

Esa noche dormí con la ropa puesta para así ganar algo de tiempo, a la vez que en el piso, al lado de la cama, puse el talco y la máquina de afeitar. Caí rendido, como un tronco, hasta que me despertó el explosivo... ¡DE PIE! Rápidamente agarré el talco, me embadurné como pescado en harina e hice correr por mi cara la «Unidad» y la «Paz» dejé de sentirla cuando vi la maquinita teñida de rojo. Horrorizado ante aquel hecho sangriento, y corriendo contra el reloj, recordé que mi padre me contaba que en tiempos difíciles él se ponía pedacitos de papel periódico en las cortadas para contener las hemorragias faciales. Así lo hice, mas, después de tapar las cortaduras, mi cara semejaba un pobre arbolito de Navidad. Respiré profundo y me puse en atención frente a la litera. El sargento inspeccionaba las camas y ponía reportes al por mayor. Al fin se detuvo frente a mí —yo, como una estatua, ni me movía—, se fijó en mi cara detenidamente y exclamó:

—¡Recluta, tiene un reporte por daños a la propiedad del Estado!

EL BAÑO

Después de un día entero de marchas y entrenamiento bajo un ardiente sol, lo que más deseábamos era darnos un buen baño. Ya era la hora, así que nos formaron —como hacían para todo— para tomar el ansiado aseo. La fila de los que esperábamos por el agua que refrescara nuestras existencias era interminable, y se movía muy lentamente. Cuando por fin llegamos cerca de la entrada, nos quitamos las ropas y, encueros en pelota, pasamos a los baños. Fue ahí cuando descubrimos que el motivo de tanta demora, era que sólo había veinte duchas ubicadas en dos líneas de a diez. Pero ahí no quedó todo, al buscar los grifos del agua no aparecían por ninguna parte. ¿Cómo abriríamos las duchas? Una voz desde arriba nos dio la respuesta. Era la voz de un soldado, situado en lo alto de los baños, que con un timón de camión en sus manos controlaba a su antojo el preciado líquido para nuestro aseo. Era «el señor de las aguas» que con una mirada sádica nos informó:

—¡No hay agua para bañarse completo! ¡Báñense hoy la mitad y la otra mitad mañana! ¡Son dos minutos solamente!

Nos quedamos atónitos ante semejante disyuntiva. El tiempo corría y algunos dudaban de su veracidad. Y, si fuera cierto, ¿qué mitad debía ser para ese día? Parecíamos caballos a punto de comenzar una carrera, con los ojos clavados en el timón del agua que empezaba a moverse despacio dejando caer las primeras gotas, cuando el soldado vuelve a la carga:

—¡Ahí viene el agua...! Ahí viene. Arriba que se va... Que se va. ¡Se fue...!

Por mi parte, intenté concentrarme en los tres puntos básicos, pero no logré mi objetivo. Como todos quedé completamente enjabonado y así tuvimos que secarnos, quedándonos pegajosos y sucios.

Fue una experiencia aleccionadora, pues aprendimos que si sabemos aprovechar el tiempo, dos minutos pueden ser una eternidad.

LOS CASTIGOS

Los castigos por las faltas más pequeñas, como cortarse cuando nos afeitábamos, no tener la cama tendida a tiempo, hablar en la formación o lo que a ellos se les ocurriera, tenían que ser ejemplares y se cumplían después de las diez de la noche, cuando todos dormían. La penitencia más común era cuidar una palma en atención, como un estúpido. Una de las sanciones que me tocó padecer junto a otros compañeros, por hablar en la formación, fue algo parecido a los cantos gregorianos. Nos agruparon frente a los dormitorios de los sargentos, con la misión de pasarnos la noche diciendo alto, claro e ininterrumpidamente:

—Vamos a portarnos bien.

Vamos a portarnos bien.

Al inicio no lo sentimos, pero cuando llevábamos una hora, la garganta se nos empezó a secar, el aire a faltarnos y el sueño a hacer estragos. Había que buscar una salida. Como éramos diez, planeamos dividirnos en dos grupos y turnarnos para que cinco descansáramos la voz por un rato, cuando de pronto, por detrás nos sorprende el sargento con un alarido atroz:

—ATENCIÓN... Así que se creen muy vivos. Ahora van a estar dos horas más por querer burlarse de mí.

Y así continuamos hasta casi el amanecer, afónicos y repitiendo aquella letanía que nos recordaba la conveniencia de portarnos bien.

Otro castigo, por ser reincidente en hablar demasiado, fue aún mayor. De nuevo resonó la voz del sargento:

—Recluta, tiene un reporte por hablar en formación. Preséntese frente a la comandancia a las veintidós horas.

A las diez menos cinco de la noche me encontraba en el sitio en espera de la sanción correspondiente. En ese instante no sabía la trascendencia de aquella nimiedad, pero pronto lo aprendería. Quedé pasmado. El sargento apareció con un pico y una pala para que abriera un enorme hueco para enterrar la basura del campamento, un correctivo desmedido que habría de cumplir hasta las seis de la mañana.

Fue tan sádico, que pasó dos veces para ver si lo estaba haciendo bien. Él prefería dejar de dormir con tal de fastidiarme. La pala pesaba cada vez más y yo me repetía durante toda la madrugada:

—¡Coño!, ¿quién me habrá mandado a abrir la boca?

EL ELEGIDO

Había llegado el momento de elegir los cargos en la batería de alumnos de la escuela militar. Una batería estaba compuesta por tres pelotones de reclutas, un sargento por cada pelotón y un jefe de batería. Desde el principio descubrí que el que mandaba, en algún sentido, trabajaba menos y, por supuesto, eso era lo que muchos deseaban, como por instinto de conservación. El sargento pasó revista a ojo para seleccionar a dedo los que serían escogidos. Algunos se inflaban hasta casi reventar, sacando el pecho y escondiendo la barriga. Al pasar frente a mí no se percató de mi presencia, como si fuera transparente. Ni para cabo yo inspiraba respeto. Su buen olfato para escoger al que sería jefe-alumno de la batería se evidenció en el designado por él.

Era de tez cobriza y mandíbula prominente. Nos contaba cosas extrañas, como que cuando cogía ladillas no se las curaba enseguida porque le gustaba rascarse o que no tenía sentido que lo hubieran reclutado porque él ya había servido en el ejército y se había desmovilizado. También nos contó que antes de este llamado del SMO, trabajaba en el correo llevando envíos en tren por toda la República. En verdad tenía voz de mando y liderazgo, a pesar de ser alumno. Empezó a ponernos reportes que provocaban severos castigos y actuaba con la experiencia del que fue militar. El sargento estuvo muy contento con su selección, hasta que en el Estado Mayor oyeron la queja del soldado, de que ya había cumplido años en el ejército, y le dieron la baja.

Poco después, nos enteramos por la prensa que una vez desmovilizado se presentó en el tren donde había trabajado anteriormente, rogándole a sus antiguos compañeros que le permitieran viajar con ellos para ahorrarse el pasaje. En un principio le dijeron que no, pues eso no estaba en el reglamento, pero como ya lo conocían, terminaron aceptándolo como polizón. Durante el viaje los asesinó con certeras puñaladas, para robarse el pago salarial de algunas empresas que acostumbraban a mandar la nómina por ese medio. Para su desgracia, lo único que realmente encontró fueron algunos tristes pesos. Días más tarde fue capturado, le celebraron un juicio sumarísimo y fue fusilado de inmediato.

Después de enterarnos de la noticia, todos comprendimos que el ojo avizor del sargento era experto en detectar hombres decididos, con fuerte voz de mando y listos para cumplir las más «nobles misiones» que les fueran encomendadas.

LA DIFERENCIA

En aquel grupo heterogéneo formado por jóvenes de todos los estratos sociales, nos íbamos identificando por el carácter de cada uno, el origen y hasta el barrio donde vivíamos. Los que estuvimos estudiando hasta poco antes del reclutamiento nos relacionábamos de forma espontánea, formándose una amistad incipiente; y hablábamos de lo que nos hubiera gustado haber seguido estudiando, de los Beatles, de Pello el Afrokán y de los helados de Coppelia. Por encima de cualquier consideración había una base real que nos unía a todos por igual, como la manada que se agrupa contra el amago de lo desconocido. Pertenecíamos a una cofradía solidaria amenazada por la incertidumbre en que vivíamos, por haber sido arrancados de golpe de lo cotidiano de nuestras vidas para convertirnos en un rebaño uniformado. Había tanta semejanza en nuestra situación que no teníamos espacio para la diferencia; por eso, aquel muchacho de piel muy blanca, rasgos finos y ademanes suaves que contrastaba con la dureza que el medio nos había impuesto, en realidad era uno más que estaba por la misma causa: el reclutamiento forzoso contra nuestra voluntad.

Este hecho de ser diferente le preocupaba a un personaje tenebroso, de ojos saltones, dientes grandes y una apariencia muy similar al personaje del teatro bufo llamado Cheo Malanga. Era el teniente jefe de aquella escuela militar. Su exagerada preocupación por preservar la pureza varonil lo llevó a orquestar un plan maquiavélico que pusiera al descubierto la inclinación sexual del desdichado recluta.

En la escuela, como en un pueblo pequeño, todo se sabe, así que nos enteramos que se valió de un jefe-alumno de uno de los grupos, para que éste enamorara al muchacho y le arrancara la esperada confesión, pero esto no rindió frutos y desistió. Mas, ahí no quedó todo, ya que dicho inquisidor sexual pensó que debía agotar todos los medios para asegurar que su escuela estuviera libre de tal contaminación, para lo cual llevó a cabo un nuevo plan. Él mismo, de forma jactanciosa, se encargó de contarlo días después.

Lo citó a la comandancia y le preguntó si era homosexual, a lo que el joven respondió que no, que él era hombre. El teniente insiste, pero él sigue dando la misma respuesta, hasta que como un último recurso se le ocurre decir que él fue homosexual pero que la Revolución le dio una oportunidad y que si quiere que a él también le dé la Revolución otra oportunidad. Parece que con toda ingenuidad, como ciervo frente al lobo, el recluta dice que sí, que él también quiere otra oportunidad. Entre risas contaba el teniente que en ese momento él le dijo:

—¡Ah, maricón, te saqué del closet!

Aquella encerrona que creó la mente retorcida del teniente, provocó la salida de aquel joven de la escuela militar, un lugar donde él no pidió estar, integrándose a la larga lista de descalificados por el

Gobierno, como lo eran los que creían en Dios, los no marxistas o los que sólo querían abandonar el país. Su fusilamiento moral lo enfrentó a la humillación frente a todo el campamento por ser simplemente diferente.

LOS AVIONCITOS DE MADERA

Los reclutas, por principio, tratábamos de evadir los trabajos más pesados y desagradables, pero, como todos eran por el estilo, al final teníamos que aceptar los que se nos imponían.

En mi caso, me pusieron como cargador de un cañón de gran calibre. Yo era alto, pero a la vez muy flaco y a duras penas podía con semejante misión, además, no era mi fuerte el levantamiento de pesas. El trabajo era agotador y sólo pensaba en cómo podría zafarme de aquel tormento. La solución se presentó sola, cuando en medio de una práctica de Uso Combativo, se acercó el sargento y me preguntó:

—Recluta, he oído que usted trabajaba de pintor. ¿Correcto?

—Sí, sargento —contesté parado en atención.

—Descanse. Quiero encomendarle una importante misión: usted ha visto que en las prácticas de tiro los cañones persiguen un avioncito de palo que halado de un extremo a otro del campo, corre por una tendedera.

—Correcto sargento —respondí.

—Pues bien, quisiéramos mejorar estos avioncitos, y usted ha sido seleccionado para realizar semejante misión. ¿Qué necesita? —me preguntó.

—Carpinteros y pintura de aceite, sargento.

—Voy a consultarlo en la comandancia de inmediato.

Más tarde, le dije que necesitaríamos un local bajo techo y algunas herramientas, por lo que nos ubicaron en un improvisado taller.

La referencia que nos dieron para realizar el trabajo fue una vieja revista de *Mecánica Popular*, donde aparecían algunos modelos de aviones americanos, advirtiéndonos que era un material «ultra secreto». Mientras elaborábamos los avioncitos nos reíamos de lo ridículo de esa práctica de combate, donde perseguían con la mira de un cañón esos jugueticos de madera. Lo paradójico del trabajo era que nosotros, como muchos niños, habíamos coleccionado esos mismos modelos de juguete años atrás.

Para llevar a cabo la tarea, los carpinteros confeccionaban y armaban las diferentes partes de los avioncitos yanquis que después yo pintaba.

Este trabajo nos hizo vivir por un tiempo en una especie de paraíso, ya que trabajábamos a la sombra, en shorts y sin camisas, aunque lo más importante que logramos fue bañarnos antes que los demás, olvidando aquellos dos minutos del conteo regresivo, que nunca nos alcanzaban para un baño completo.

En el mismo local donde hacíamos los avioncitos trabajaban tres traductores, éramos siete en total, que llegamos a ser muy buenos amigos y todos esperábamos con ansiedad cual sería nuestro futuro inmediato ya que el curso de cuarenta y cinco días en la escuela militar estaba llegando a su fin.

Y llegó el día de repartir a los reclutas a las unidades definitivas. Tuvimos suerte de que no nos separaran, a los siete nos montaron en un camión, y salimos de allí, no sin antes estrechar las manos de las amistades que habíamos hecho en esos días. El camión atravesó por diferentes calles de la ciudad hasta tomar por una carretera, de esas donde sólo se ve el campo y nada más. Nos estábamos aproximando a nuestra primera unidad militar, donde conoceríamos más de cerca esa aberración a la cual nombraron:

Primer Llamado del Servicio Militar
Obligatorio.

II
EL POLÍGONO DE TIRO

LA PRIMERA UNIDAD

A la caída del sol de una tarde muy calurosa, íbamos en aquel camión ruso, los traductores, los carpinteros y yo. La inquietud nos embargaba, nuestro destino era incierto, ya habíamos pasado la escuela militar de cuarenta y cinco días y en ese momento estábamos en camino a la unidad militar definitiva. El camión se apartó de la carretera y tomó por un accidentado sendero que nos dejaba ver un monte espeso de marabú y guao; después unas rocas llamadas dientes de perro y, a lo lejos, el mar.

Llegamos a un claro en aquel monte, donde observamos varias tiendas de campaña colocadas en línea, un camión pipa de agua y un asta de una bandera, ya retirada. El oficial que nos traía vociferó una orden tajante:

—¡Esta es su unidad, constrúyanla!

Y yo me dije: «¿Esto es una unidad?».

Casi sin tiempo de reaccionar nos condujeron a una tienda de campaña desocupada, para depositar nuestras pertenencias. Al rato nos recibió el sargento Rodrigo, quien nos trajo una *chismosa* de querosén para que nos alumbráramos, y nos informa que, además de no haber electricidad, tampoco había agua potable. Agrega, que aquella improvisada unidad —que era lo más parecido a un safari africano— sería, en realidad, un campo de tiro en el futuro. Para colmo, empezó a desfilar una colonia de cangrejos, que venían a darnos la bienvenida.

Los baños de este campamento eran enormes: la manigua, con todo su verdor; claro, con el cuidado correspondiente de no orinar sobre alguien que estuviera sepultado en la espesura cumpliendo con una necesidad fisiológica de primer orden. Por otra parte, el mar se convirtió para muchos en un gran *toilet*.

Las duchas brillaban por su ausencia. El camión de la pipa de agua suministraba el preciado líquido para cocinar, pero para asearse había que esperar a que lloviera. La dura realidad que nos golpeaba a todos hizo que nos preguntáramos: qué hacíamos allí aquel grupo de jóvenes que fuimos sacados de nuestros barrios, de nuestras escuelas y de nuestras familias. Ante la impotencia que nos producía aquella terrible situación, y con el sueño que nos rendía, se fue apagando nuestra rabia, poco a poco, mientras se desvanecía la luz macilenta de la *chismosa*.

A las seis de la mañana, nos golpeó el:

—¡DE PIE…!

Formamos filas frente a una tienda de campaña que llamaban «la comandancia». Allí nos fuimos integrando al resto de los reclutas que habitaban el lugar, todos ellos con una apariencia desoladora, regalo de aquella especie de purgatorio. Imaginé que así nos veíamos pronto.

El sargento Rodrigo nos designó a cada uno un número que nos acompañaría siempre. Ese día perdí el nombre para convertirme en el recluta 51, por supuesto, sin apellidos; y con un salario de siete pesos al mes.

Esta formación matutina era para repartir el trabajo del campamento, que consistía en las guardias, los trabajos en la cocina o el corte de marabú y guao. A punto de terminar, el sargento Rodrigo parece recordar algo y nos pregunta:

—¿Alguno de ustedes sabe pintar letreros?

—¡Yo, sargento! —respondí alto y claro.

Los pinceles, que siempre viajaban conmigo, me sirvieron para realizar los primeros carteles de NO PASE y ZONA MILITAR. Le dije al sargento que necesitaba un lugar con sombra para realizar la labor y me mandó a trabajar bajo el único árbol en aquel terreno yermo y que desde luego, también era de espinas. Desde allí veía a mis compañeros, machetes en mano, luchando contra aquel enemigo punzante, que no se dejaba vencer fácilmente. Yo, por mi parte, inventé señalizaciones a granel, y sembré de letreros todo el campamento. Cada uno de esos trabajos, que hacía a diario, me alejaba del machete y de aquellas plantas asesinas.

A su vez, con mi trabajo sucedía algo paradójico: al mismo tiempo que yo realizaba una labor profesional, que no podía hacer el resto de los reclutas, al sargento Rodrigo parecía molestarle que, de alguna manera, me apartaba de la manada. Le resultaba insoportable el hecho de que no cortara marabú y guao como los demás; por eso, el sargento repetía una constante en cada formación matutina, durante la distribución de los trabajos del día:

—Recluta 51, ¿le falta mucho con esos letreros?
—Sargento, esto no es fácil, lleva tiempo —le respondía siempre, mientras reía por dentro.

EL RETRATO

Cuando se me estaban acabando los letreros de ZONA MILITAR, los cuales hacía casi en cámara lenta, para esquivar el trabajo esclavo que me esperaba, me llamaron de la comandancia con la orden de que el teniente Osmel, el jefe del Polígono, quería verme. El teniente era un tipo flaco, encorvado y su manera de caminar era el recuerdo de las lomas que había subido y bajado en su vida. Ocultaba detrás de su grado a un ser solapado y mediocre, que por azares del destino se hizo poseedor de su cargo. De hablar suave y pausado, ordenaba sin escrúpulos los castigos más crueles, como uno que impuso a cinco reclutas, años después, al encerrarlos desnudos en una improvisada cárcel hecha de pedazos de madera, durante un norte invernal.

«Que el teniente me quiera ver no será para nada bueno —pensé—, seguro que es para darme un machete para que corte marabú como todo el mundo».

—Permiso teniente, ordene.

—Cincuenta y uno, ¿usted pinta retratos?

—Por supuesto teniente, desde chiquito —respondí con energía y prontitud, como ellos decían, y respiré aliviado: iba a seguir con mis pinceles un tiempo más.

En ese momento el teniente extiende su mano para mostrarme una foto suya, vestido de miliciano, con la típica camisa de mezclilla azul y el pantalón verde olivo.

—Cincuenta y uno, ¿me puede pintar un retrato con esta foto?

—Seguro, teniente, va a quedar perfecto —pero como conocía su personalidad superficial y vanidosa, le pregunté a su vez—: ¿Qué le parece si en lugar del traje de miliciano le pongo uno verde olivo y con los grados de teniente?

A lo que me respondió entusiasmado:

—Positivo 51, siga adelante.

Días después de comenzado el trabajo le pregunté:

—Teniente, ¿no cree usted que quedaría mejor con barba?

Y él, levantando una ceja, me responde:

—Claro, claro, mucho mejor.

Una semana después, y con el retrato adelantado, me acerqué a la comandancia para preguntarle:

—Permiso, teniente, estaba pensando que el cuadro se vería perfecto si de fondo le pinto las montañas de la Sierra Maestra. ¿A usted que le parece?

—Fantástico 51, regrese de inmediato y continúe con el retrato, que estoy ansioso por verlo terminado.

—Perdón teniente —contesté—, pero son las ocho de la noche y con la luz que da la *chismosa* de querosén no puedo pintar, porque se puede perder el parecido.

A lo que precisó:

—No, no..., mañana a la salida del sol continúe con el retrato. Tómese el tiempo necesario en esta misión.

Y así, pincelada tras pincelada, se fue formando una historia maquillada, donde un simple miliciano, por la magia de la pintura, se convirtió en un teniente rebelde de la Sierra Maestra.

LA GUARDIA A CABALLO

Si durante el día las pinturas me ayudaron a evadir el duro trabajo del campamento, en las madrugadas nunca pude eludir las guardias, estas siempre fueron las peores: de diez a doce de la noche y de cuatro a seis de la mañana, por lo que sólo podía dormir cuatro horas esas noches. Esta guardia era en la posta uno, situada a la entrada principal de la unidad y estaba compuesta por dos reclutas.

Cabañita, un soldadito que parecía casi un niño, me acompañaba en esta posta. Sus actitudes eran muy infantiles, algo que me entretenía con sus ocurrencias. En las pocas ocasiones que tuvimos guardias de día, se dedicaba a buscar nidos de pájaros, o lanzarles precisos proyectiles a las palomas rabiches con un tirapiedras, como cuando vivía en la finca de sus padres.

En una de aquellas madrugadas, y al comienzo de la guardia me dice que le guarde el fusil porque tiene que ir al monte por una necesidad fisiológica urgente. Le dije que no había problemas, que yo lo cubriría. Después de un tiempo sin señales suyas empecé a preocuparme por su ausencia, ya que había pasado más de una hora y no aparecía. Hasta que siento un ruido atronador que venía por el camino que conducía al mar. Era Cabañita montando a caballo, a pelo y a todo galope. Lo detuve de inmediato y lo increpé molesto:

—¡Tú estás loco, si te cogen en esa gracia te mandan preso para La Cabaña!

Ante lo sorprendente del hecho, le pregunté que de dónde había sacado aquel caballo. Él me contó que los campesinos de la Granja del Pueblo, ubicada frente a nuestra unidad, pidieron permiso para guardar sus caballos en nuestro campamento, porque creían que estarían más seguros, ya que se había reportado algunos robos de caballos en la zona.

Cabañita, en las noches de guardia se perdía montando a caballo, con sólo un saco de yute por montura y una soga por freno. Yo lo cuidaba como un padre, y disfrutaba verlo galopar con aquel aire de libertad que se reflejaba en su rostro.

Unos días más tarde, en uno de sus trotes nocturnos lo detuve para decirle que estaba exagerando en su diversión, que ya no estaba ni un segundo en la posta, y que yo también quería montar a caballo. Decidimos repartir el tiempo entre los dos: cuando uno montaba a caballo, el otro cuidaba el fusil y estaba alerta por si alguien aparecía.

La primera vez que corrí con aquel potro estaba la luna llena y se veía casi como si fuera de día. Una euforia vital recorría mi cuerpo; el movimiento ondulante al galope, ascendiendo y descendiendo por el sendero, me hacía sentir como un niño en un carrusel.

Después de cabalgar una hora cada uno en las noches de guardia, decidimos, por un tiempo, tomarles dos caballos a los campesinos, y hacer carreras para ver quien llegaba primero. Con la diversión se nos olvidaba la verdadera función que se nos había encomendado, la cual era proteger la entrada de aquel infierno, pero, realmente, ¿a quién le importaba cuidar un lugar donde te hacían trabajar como bestias? Mejor era disfrutar con esos animales que nos hacían sentir que estábamos vivos y que por esas dos horas, éramos libres como esos corceles cuando corrían desbocados por el terraplén.

Casi al finalizar nuestro turno de guardia, la de cuatro a seis de la mañana, venían los campesinos de la granja a recoger sus caballos para la labor diaria. Todos los días nos hacían la misma pregunta:

—Compay, ¿por qué los caballos están *sudao*?

A lo que siempre les respondíamos:

—Compañero, ¿usted sabe la clase de calor que está haciendo en estos días?

EL ALMUERZO DE EGAÑA

El sargento Rodrigo tenía un vozarrón que podía romperle el tímpano a cualquiera. Eran memorables aquellos ¡DE PIE...! a las seis de la mañana. Evidentemente, con esos alaridos trataba de demostrar lo que le faltaba a su personalidad. Fue durante uno de los almuerzos en el comedor del campamento que el sargento mostró su lado más oscuro.

La mesa del comedor era muy extensa y tenía largos bancos a los lados. Los reclutas, en fila india, íbamos llegando con la bandeja de comida en la mano, hasta llenar ambos lados de la mesa. A la cabecera, como Jesús en la Última Cena, estaba el sargento Rodrigo, que nos hacía esperar en atención hasta que llegara el último soldado, para gritar a todo pecho: ¡SENTARSE!, pero la orden no llegaba, y nosotros seguíamos tiesos como estatuas de sal, con las bandejas en la mano.

Sucedió que el sargento se percató que el recluta Egaña fijaba la vista en mi plato, después en el del sargento y, finalmente, en el suyo, comparando las cantidades de arroz con frijoles y carne rusa que nos habían servido. Él tenía fama de comelón y, además, le decían «La Hiena», porque siempre se reía de lo menos esperado. Sin embargo, lo que se le avecinaba no era algo de risa, porque el sargento con su voz estridente dijo:

—Así que estás mirando mi bandeja para ver si me dieron más comida que a ti.

—No sargento, no es cierto —responde Egaña.

—Tiene un reporte por falta de respeto y por decirme mentiroso. Venga conmigo y traiga la bandeja —gritó furioso.

Una vez en la cocina, el sargento toma el cucharón y sirve varias porciones grandes de arroz, chorrea abundantes frijoles y, para coronar aquella montaña, una cantidad enorme de carne rusa. Era tanta la cantidad que Egaña casi pierde el equilibrio. Entonces, el sargento lo toma del brazo y lo lleva hasta la mesa, para luego gritarle al oído:

—¡Ahora te lo vas a comer todo!

Egaña era delgado y poseía una pequeña barriga que lo hacía parecer mayor. Él arrastraba un hambre histórica que, en este caso, lo ayudó a devorar ese menú. Aquella montaña de comida la iba reduciendo poco a poco, y cuando suponíamos que su estómago iba a estallar, sucedió lo impensable:

—Permiso, sargento —dijo Egaña.

—¿Qué quiere? Aún no ha terminado con lo que le serví.

—Sargento, me pudiera echar un poco más de frijoles, es que el arroz está muy seco —y tras decirlo se le escapó una inoportuna sonrisa.

—¡Coño...! ¡Esto es el colmo! —vociferó el sargento que parecía echar humo por la nariz, y abalanzándose sobre Egaña, lo toma por el brazo y esta vez lo lleva hasta un camino de piedra a medio construir. Le da una pesada mandarria y ordena que destruya una a una cada piedra, hasta que él se acuerde.

Pasó la tarde y a altas horas de la noche, aún se oían desde la barraca, los golpes de mandarria contra las piedras. A las cuatro de la mañana me despertaron para cubrir el turno de guardia que me correspondía. Al tomar el camino de piedra que me llevaba a la posta uno, me encuentro a Egaña que levantaba lentamente la mandarria al tiempo que al mirarme se sonrió, haciéndole honor a su sobrenombre.

LA BOTA CUBANA

Cuando en la unidad de reclutamiento Colinas de Villarreal, nos calzaron el uniforme verde olivo, como camisas de fuerza, sólo faltaban las imprescindibles botas. Había dos modelos: las rusas, casi cuadradas, rígidas, con aspecto prepotente y en las puntas una especie de casquillo metálico, en fin, eran lo más parecido a un tanque de guerra soviético. Por otra parte, quedaban algunas botas hechas en el país, de otra época más feliz, pero sinceramente, parecían menos serias para la empresa a las que ahora estaban destinadas.

Al verlas supe que se parecían a nuestra idiosincrasia: frescas, ligeras y, al mismo tiempo, anunciaban la sonrisa que se avecinaba...

Me abalancé para alcanzar un par de ellas, como si con ese gesto me apropiara del patrimonio nacional o plantara la bandera. Realmente esas botas sí eran cómodas y flexibles; se ajustaban al pie perfectamente, como un guante. Pero el calzado criollo no sabía lo que le esperaba: marchas, charcos de agua sucia y caminos llenos de rocas traicioneras. En una de esas agotadoras marchas, tropecé con una piedra atravesada en mi camino; ahí empezaron mis problemas, cuando de la suela izquierda se desprendieron clavos y pegamento, abriéndose una enorme boca.

Caminar con el pie izquierdo se me hizo algo penoso. Cuando lo levantaba, la punta de la bota subía pero la suela quedaba rezagada, como si sacara la lengua, y, para colmo, todos se reían de mí como si yo fuera un payaso de circo.

Cuando reclamé otras botas, me dijeron que si hubiera escogido unas botas rusas eso no habría pasado, pero que de todos modos ya no quedaban más, y que tendría que esperar al próximo pedido. Como solución sugirieron que me la amarrara con una soga, y así lo hice. Días después, la bota derecha empezó a sentirse algo inquieta; tímidamente se fueron desprendiendo los clavos, poco a poco, hasta dejar también sus fauces bien abiertas.

Con mis botas amarradas caminaba con mucho cuidado por aquellos terrenos accidentados, como si transitara entre cagadas de gato, además de soportar las burlas de los que usaban botas rusas. Con el tiempo cambié las sogas por cables, más resistentes. Ahora sólo me quedaba esperar a que algún día volvieran a darnos otro par de botas decentes.

Tiempo después llegó a la unidad un remanente de botas nuevas. Como loco me lancé al lugar del reparto, esta vez, a pesar mío y traicionando mi nacionalismo, arrebaté un par de botas rusas de una caja. Ahora la seguridad de mis pies era más importante que todo.

Los días de aquella tortura ortopédica habían quedado en el pasado. Después de ponérmelas, les aseguro que me sentía como si tuviera pies nuevos. Y con la mayor alegría emprendí una caminata para probarlas por el agreste sendero, cuando de pronto tuve la genial idea de darle un rotundo puntapié a una piedra que creí haber reconocido. Entonces, sucedió lo inesperado: la bota rusa se rajó de par en par, abriéndosele una bocaza aún mayor que en las botas anteriores.

Aquel día vi con claridad que el destino me había jugado una mala pasada. Por eso, desde entonces miro el camino con mucha desconfianza.

LA EPIDEMIA DEL GUAO

Como es sabido por muchos el guao es una planta que no sirve para nada, al contrario, cuando la cortas suelta una especie de leche que si te cae en la piel te deja marcado para siempre.

El campamento estaba rodeado de esta insoportable planta a la que siempre veíamos con respeto, aunque hubo valientes que la desafiaron con el filo del machete. Otros, muy arriesgados, usaron su savia para dibujarse iniciales en la piel. Pero el uso más novedoso lo descubrieron algunos muchachos de nuestro campamento, cuando se enteraron que en la clínica que nos atendían le dieron a un recluta de otra unidad veintiún días de licencia médica, debido a un hongo muy molesto que le había salido en la ingle. Allí empezó todo, porque el ingenio de los reclutas los llevó a pensar que si se frotaban en la ingle las hojas de guao recién cortadas, el efecto en esa zona viril sería similar al del hongo real. Aquello sonaba fabuloso, debido a que nuestras vacaciones serían de cinco días al año y esto era cuatro veces más.

La promesa de unas vacaciones médicas que los sacara de aquel infierno cotidiano, estimuló la imaginación de muchos, pero, ¿quién sería el primero que se aplicaría esa dolorosa receta? Claro que fue uno que se sentía hastiado de la vida que llevaba allí y que pensó que no tenía nada que perder. Este conejillo de Indias, por propia voluntad, frotó con saña el guao en su entrepierna, constatando que el área comprometida se enrojecía e hinchaba, aparentando la lesión del hongo. Ahora había que mostrarle al teniente la supuesta zona infectada. El teniente respondió preocupado que era necesario que al día siguiente, sin falta, fuera al médico para tratar semejante lesión. Por la tarde, de regreso de la clínica, el afortunado enfermo venía con una gran sonrisa y una licencia médica de veintiún días, para que siguiera el tratamiento fuera de aquel foco infeccioso. De más está decir que casi no alcanzaban las plantas de guao para que muchos frotaran aquellas hojas asesinas en sus partes nobles. Llovían solicitudes para ir al médico: era la epidemia del guao.

El campamento se quedaba vacío y esto lo notaron en el Estado Mayor, que decretó una cuarentena en toda la unidad, y con la cuarentena fueron suspendidos todos los pases, hasta controlar totalmente la infección propagada. El remedio había sido peor que la enfermedad, porque, para colmo llegaron varios camiones hospitales que instalaron tiendas de campaña asépticas para fumigarnos como mosquitos, en fila india y encueros.

Después de todo lo pasado, los muchachos no inventaron más infecciones en el campamento, y nadie pidió más permisos para ir al médico. Nos conformamos a esperar el pase de un día a la semana y cinco días al año.

¿FUEGO...!

El campamento se consumía con la rutina habitual. El cambio de guardia de las dos de la tarde evidenciaba la cara de alivio del que terminaba esa tortura y la resignación de su relevo. El calor de agosto era agotador, nos volvía zombis deambulando con lentitud por toda la unidad militar. La sequía de ese año fue la peor en mucho tiempo. La tierra se cuarteaba y el terraplén de calizas, reducido a golpe de mandarria, se volvía polvo que el viento se encargaba de elevar y convertir casi en una fina niebla.

Desde la jefatura se disparó una orden agitada y tajante: «¡A FORMAR!».

La adrenalina del sargento Rodrigo era contagiosa y rompió el letargo que aquel verano nos imponía.

—¡Traigan picos y palas...! —gritó desesperadamente el sargento.

Escogió a diez reclutas, entre los cuales me hallaba yo, para variar. Subimos al camión con la rapidez de un rayo. El chofer aprieta el acelerador por el terraplén, con una velocidad nunca vista. Pasa la posta uno y, ya en la carretera, se desplaza con rapidez, tocando el claxon con insistencia, como si fuera una ambulancia o un carro de bomberos acudiendo a un fuego.

«¿FUEGO!», nos preguntamos intrigados, al apreciar una columna de humo que se veía a lo lejos y que se agrandaba a medida que avanzábamos en esa dirección.

El humo gris comienza a tornarse denso y plomizo. Nos apartamos de la carretera para tomar a la izquierda una vereda que nos acercaba al lugar de los hechos: un territorio lleno de marabú, donde las llamas querían tragarse de un bocado aquel árido monte. Al arribar allí nos encontramos que casi en el mismo instante llegaba un grupo de soldados de otra unidad, con un sargento al mando. El sargento Rodrigo lo saluda militarmente y comenta que traíamos picos y palas para hacer una buena zanja que detuviera el siniestro. El otro sargento contesta que creía que era mejor hacer contracandela, y ante esta disyuntiva se enfrascan en una discusión bizantina que no conduce a nada. Por otra parte, no había un superior que decidiera salomónicamente.

El teniente Osmel se hallaba de pase ese día, pero, de todas formas, no hubiera resuelto nada, porque era un inútil que sólo sabía robarse la comida del campamento para sus trapicheos en la bolsa negra. En medio de la discusión la columna de humo crecía, como un monstruo que nos amenazaba con su abrazo. Fue entonces, que nos percatamos que el fuego venía avanzando y para estar seguros de su dirección, el sargento Rodrigo humedece su dedo con saliva y lo eleva, para comprobar que el aire soplaba hacia nosotros y con él arrastraba la candela, que apresuraba su paso para llegar a nuestro encuentro. Las gamas de naranjas, rojos encendidos y las lenguas amarillas de las llamas ya estaban realmente oyendo la conversación. Fue cuando ambos sargentos se pusieron de acuerdo:

—¡A CORRER...!

A toda velocidad corrimos de regreso. Sentíamos que las llamas nos cercaban. La angustia aumentaba, porque el fuego parecía aproximarse peligrosamente, cuando de pronto, nos cierra el paso una cerca de alambre de púas y gruesos troncos que, por capricho de la naturaleza, mostraban pequeñas hojas tiernas. Volamos la misma sin apenas pensarlo y caímos del otro lado, justo en el sendero donde dejamos el camión. Allí, el fuego se detuvo a nuestras espaldas. El camino actuaba como la zanja que el sargento deseaba abrir para detener las llamas. Del otro lado del sendero, vimos que, de todas formas, el fuego no hubiera podido seguir su paso destructor, porque era un terreno baldío. Nos contó un campesino del lugar, que el Gobierno se había encargado de arrasar los cultivos que allí se daban generosamente, para cumplir las orientaciones bajadas por el «Gran Hermano», que había concebido unos nuevos planes muy alejados de las siembras tradicionales de aquellos «ignorantes» campesinos.

LOS SONÁMBULOS

Nuestro campamento constaba de sesenta reclutas, entre ellos había gente muy diversa: estudiantes, carpinteros, traductores, choferes, mecánicos, un pintor —su servidor— y tres sonámbulos. Nuestros sonámbulos no caminaban con los brazos extendidos como en las películas, no, eran sonámbulos serios y con sonambulismos propios.

Pepe el loco, por ejemplo, como su nombre indicaba era un sonámbulo loco, porque siempre decía lo que otros callaban por miedo. Tuteaba al teniente y no lo saludaba militarmente; este lo dejaba por incorregible. Pepe era humilde, bonachón, a cada momento mostraba una sonrisa inocente y siempre estaba dispuesto a ayudar a quien lo necesitara; pero de noche era otra cosa. Cuando ya nos había vencido el sueño nos sorprendía una discusión de Pepe con alguien inexistente al que le peleaba, pero con los ojos cerrados. Se levantaba de pronto de la litera sin zapatos y sin camisa —¡con un frío que pelaba!— y se lanzaba a correr por todo el campamento, y nosotros detrás de él, preocupados porque no tuviera algún accidente. Corría, maldecía y tiraba golpes al aire todo el tiempo, hasta que se calmaba y, finalmente abría los ojos, miraba a su alrededor y al vernos decía tiritando:

—¡Coñooó, qué frío hace aquí!

Nosotros que estábamos acostumbrados a sus pesadillas ya teníamos lista una frazada rusa, de esas que parecían de oso, y se la tirábamos por encima para que no se resfriara.

Cabañita era otro de nuestros queridos sonámbulos, el más joven de la tropa, delgadito, aniñado y muy vulnerable a trabajos demasiado pesados. Pues bien, cuando en aquellas frías madrugadas pasaba del apacible sueño a sus trágicas pesadillas, saltaba de la litera, lanzando piñazos a enemigos imaginarios; tumbando literas y golpeando a todos los que se interpusieran en su camino.

Para evitar mayores destrozos, entre varios compañeros tratábamos de sujetarlo, pero entonces ocurría algo increíble: Cabañita demostraba dormido una fuerza descomunal, que cuatro de nosotros no podíamos con él. Después de vencer a sus enemigos del sueño, poco a poco regresaba a su estado natural, ayudado por nosotros que lo guiábamos a su cama, donde al fin descansaba plácidamente con la sonrisa del vencedor.

Amador era un sonámbulo intelectual, un traductor de ruso en un lugar donde no había nada que traducir, sólo desmontar todo el marabú y el guao que invadía el campamento. Por eso, ideó un plan que lo alejara de aquel trabajo terrible y poderse refugiar en el mundo de la literatura, algo casi imposible, mas no para él que a propósito se infectó los pies, para obtener un certificado médico que le permitiera estar acostado todo el tiempo.

Durante el día leía todo lo que le caía en las manos, pasando así unas vacaciones médicas entre novelas, cuentos y biografías. Estos libros los obtenía de una pequeña biblioteca ubicada en la comandancia; compuesta de lo que ellos estimaban que nosotros debíamos leer. Después de esta labor tan agotadora caía rendido como un tronco, y en la quietud de la noche empezaba a hablar dormido.

Nunca se levantaba de la cama, ni mucho menos era violento, sólo dictaba una charla nocturna sobre el libro que había leído ese día, encarnando el personaje principal de la obra; por eso era un sonámbulo intelectual.

Cuando esto sucedía, se regaba la voz: «Apúrate que hoy Amador cuenta cuentos», y todos nos reuníamos alrededor suyo, como si fuera un lector de tabaquería. Me acuerdo de un libro que leyó, donde un piloto soviético fue derribado y éste se arrastraba por la estepa rusa debido a sus heridas. Amador en sus narraciones era el piloto, y sufría intensamente las vicisitudes del personaje. Pero el día que más me llamó la atención fue cuando terminó de leer *La historia me absolverá*. Esa noche tuvo más público que nunca.

Amador iba a ser juzgado ante el tribunal de Santiago de Cuba. Le conceden la palabra ya que pide ejercer su propia defensa. Con el ceño fruncido, alterado y empapado en sudor declara: «Por todos los argumentos aquí presentados ante este tribunal, pido la libertad de Amador, porque Amador es muy importante para Cuba y para el mundo...» —en ese momento se sienta en la cama y aún con los ojos cerrados afirma—: «A Amador la historia lo absolverá».

Ante aquella representación surrealista que estábamos presenciando, aplaudimos con una ovación digna del mejor teatro bufo, lo que provocó que se despertara bruscamente preguntando: «¿Qué pasó, ustedes qué hacen aquí?» Amador no recordaba absolutamente nada de lo que hablaba dormido, por lo que le resultó extraño ver tanto público a su alrededor. Al rato, lentamente, volvió a cerrar los ojos y acomodó su almohada, cayendo con placidez en brazos de Morfeo; quizá para emprender otra aventura literaria que lo alejara de aquel siniestro campamento.

Sus narraciones eran muy entretenidas, sobre todo en aquel sitio tan aburrido. Por eso varios amigos nos quedamos comentando que cuando saliéramos de pase debíamos conseguirle libros más interesantes, y que valieran la pena.

LA PIPA DE AGUA

El teniente Osmel decidió que fuera en comisión de servicio a una base aérea cercana en una misión, según él, sumamente secreta. Una vez allí me conducen hasta la refrigerada oficina del capitán jefe de esa unidad. Parecía un militar de carrera con cierta educación, quien en seguida aborda el tema:

—Necesitamos hacer unos dibujos de los aviones del enemigo, para lo cual exigimos su más absoluta discreción. —Mientras él hablaba yo sólo disfrutaba del aire acondicionado y contemplaba extasiado el piso de granito, tan diferente al de tierra de mi unidad.

—¿Entendido, soldado? —precisó el capitán.

—Sí, sí, entendido —contesté sin comprender la razón de tanto misterio.

Entonces abre una gaveta que estaba cerrada con llave y saca con mucha cautela una revista muy conocida llamada *Mecánica Popular*, similar a la que me dieron de referencia para hacer los avioncitos de madera en la primera escuela militar. Ante tal evidencia no pude evitar decirle:

—Capitán, conozco esos modelos. Yo los coleccionaba, eran los que venían en las cajas de Corn Flakes.

El oficial frunció el ceño y después dejó escapar una leve sonrisa.

Cada mañana el chofer de la base me recogía en el campamento para ir a trabajar en lo que fue el *hobby* de mi infancia: dibujar avioncitos americanos. En el camino nos cruzábamos a diario con el camión de la pipa del agua de nuestra unidad, que salía lleno de la base rumbo a nuestro campamento. Comenté al chofer del jeep que me extrañaba tanta coincidencia. A lo que me contestó:

—¿Pero tú no sabes lo del trueque?

—¿Qué trueque? —pregunté intrigado.

—Asere, tú estás detrás del palo. ¿Tú no sabías que tú vales una pipa de agua? Como tu unidad no tiene agua potable, tu trabajo aquí es a cambio de que lleven allá una pipa de agua todos los días.

Me quedé asombrado, pero también me sentí muy orgulloso: ¡Yo valía una pipa de agua!

Pero, déjenme contarles que aquí no termina la relación de la pipa de agua conmigo.

En una noche borrascosa, con una amenazante lluvia que podía olerse en el ambiente, el camión de la pipa se había roto en la carretera que conducía a nuestra unidad. El teniente, temiendo que fueran a robar piezas o la batería, nos manda a Aguilera y a mí a que cuidáramos la pipa toda la noche, hasta que el mecánico fuera a arreglarla al amanecer. Al poco rato de haber llegado empiezan a caer pequeñas y aisladas gotas de lluvia que después se volvieron un gran aguacero. Para colmo, no teníamos la llave del camión para guarecernos dentro del mismo. Nos estábamos empapando y lo único que se nos ocurrió en ese instante, fue meternos debajo de la pipa. Allí de todas formas el agua corría por el suelo mojándonos, pero mucho menos que la fuerte lluvia con viento que nos estaba castigando. Ya debajo de la pipa, y entre truenos y relámpagos que alumbraban la noche, era imposible dormir; sólo esperábamos que la tormenta se calmara. Para romper el silencio entre nosotros se me ocurrió preguntarle a Aguilera:

—¿Y tú de dónde eres?

—De Los Pinos, tú sabes, un barrio de las afueras de La Habana.

—Claro que conozco Los Pinos, tengo un primo de mi abuela que vive allí —y tras decir esto vi que la lluvia comenzó a amainar—. Creo que es lechero —agregué.

—Espérate, yo también tengo un pariente que es lechero y que vive allá en Los Pinos —respondió asombrado—. ¿Cómo se llama el primo de tu abuela?

—Felito —contesté.

—¡No jodas!, somos familia —dijo Aguilera y con la sorpresa se levanta de pronto chocando su cabeza fuertemente con el chasis del camión.

Descubrir que tiene un primo tercero le ha costado un tremendo chichón en la cabeza.

Ese día me convencí que aquella pipa era milagrosa, porque cumplía su función abasteciendo de agua a nuestra unidad militar gracias a los avioncitos yanquis, y producía encuentros familiares en los lugares menos esperados.

EL CANSANCIO

Las madrugadas en el campamento se alternaban, una noche en la guardia nocturna y la siguiente nos llevaban a robar arena, oficialmente, de una playa cercana, para construir una tribuna de observación de ejercicios militares. Estas actividades se repitieron durante tres meses seguidos, donde dormíamos cuatro horas cada dos días, y sin pases para ver a la familia. Yo parecía una radiografía ambulante, al extremo de que se me veían las costillas fácilmente. En una oportunidad que nos mandaron a hurtar arena, fuimos sorprendidos por guarda fronteras, quienes nos dispararon varias ráfagas de metralletas, por creer que éramos unos rateros nocturnos.

El cansancio agotador que padecíamos todos era el resultado de las maquinaciones de aquellos jefes al tensar al máximo la cuerda de nuestra resistencia, para así formar hombres de acero de férrea convicción ideológica; listos para futuros eventos bélicos. Pero esa no era nuestra idea, porque teníamos el convencimiento que éramos una tropa, similar a los esclavos que construyeron la pirámide de Keops.

El antídoto del cansancio es el sueño, pero no soñar con las musarañas o con ganarse la lotería, sino simplemente poder «dormir donde sea y a la hora que sea, sin esperar a que alguien lo ordene». Ejemplo de ello era cuando el cabo de recorrido llegaba a mi litera quince minutos antes de las cuatro de la madrugada, con la intención de despertarme para que me incorporara a la posta.

—Cincuenta y uno, ¡arriba que te toca la guardia!

A lo que contestaba:

—Sí, sí, me estoy vistiendo. —Cuando en realidad, me había acostado bajo las sábanas y el mosquitero, con el uniforme y las botas puestas. Todo eso para arañar unos minutos más de sueño.

A los diez minutos regresaba el cabo gritando:

—¡Acaba de levantarte 51!

A lo que respondía:

—Espera, que me estoy poniendo las botas —aunque ya las tenía puestas.

Por no quitarme casi nunca las botas y, además, por no abundar el agua para el aseo, me salieron hongos en los pies, los que padecí durante meses.

Los reclutas nos hicimos expertos en robar minutos de sueño, como durante la guardia en la posta uno, la que compartía con Cabañita; donde violábamos el reglamento al descansar una hora cada uno, de las dos de vigilancia.

En una oportunidad que hacíamos dicha guardia, despierto a Cabañita para que me reemplace y así poder dormir lo que quedaba del turno. Él se levanta del suelo, toma el fusil, se pone el casco y se recuesta al poste de la entrada, todo esto con los ojos cerrados, y de espaldas a mí. Yo me moría del sueño y como vi que no se cayó, pensé que ya había abierto los ojos y estaría despierto, por lo que me acomodé como pude en el piso de la garita y de inmediato caí rendido del cansancio. Cerca de las seis de la mañana y con los claros del día, se oye una voz estridente y conocida:

—¡Oiga compay, usted duerme de pie como mi caballo!

Esa voz nos despertó bruscamente, yo en la garita y Cabañita roncando de pie junto al poste de la entrada. Era el campesino que venía todos los días a recoger los caballos que guardaba en nuestra unidad, sorprendido con la rara habilidad de Cabañita de dormir de pie.

Por aquellos días yo arrastraba un cansancio crónico por todo el campamento, como si tuviera una bola de hierro atada a la pierna. Me dormía donde quiera, hasta caminando, como en aquella madrugada que con fusil en ristre, al pasar frente a una tienda de campaña tropecé con una de las sogas que sujetaban la tienda y creo que debí haberme caído al suelo, porque cuando me despertó mi relevo, yo estaba acostado boca abajo en la arena con el fusil al hombro y los pies colgando sobre la soga de la tienda de campaña. Cosas del cansancio.

EL CHÍCHARO CON GORGOJO

En la dieta cubana de los años sesenta el chícharo desplazó a todos los granos, los cuales al parecer, se habían ido del país. Este grano es ideal para hacer un buen potaje, por supuesto, con las carnes que lo acompañan como: jamón, chorizo, tocino, además de las imprescindibles papas, calabazas, ajo, ají... y convertido en puré es una deliciosa crema San Germán.

En el campamento era el plato obligado a diario, a veces acompañado con arroz, algún alimento de lata y, siempre, con un dulce de remolacha, búlgaro. Pero la carne que encontrábamos cuando la cuchara se sumergía en el potaje, era un pequeño y oscuro animalejo llamado gorgojo. El chícharo con gorgojo era servido con aquel cuerpo extraño que había nacido del grano podrido.

Cansados como estábamos de comer aquella bazofia, y de tener que eliminar uno a uno los gorgojos en cada almuerzo, ese día decidimos no tocar la comida y echarla a la basura. Eso fue algo espontáneo, y no coordinado entre nosotros.

Los latones de basura se desbordaron ese día, como nunca, y la noticia llegó a la jefatura de la mano, quizá, de algún chivato jala levas, tratando de ganar méritos. El caso es que cuando al teniente Osmel le dijeron que todos habíamos botado la comida, montó en cólera, y de nuevo mandó a hacer una cazuela gigante de chícharo con gorgojo, sin ningún acompañante. Para dar el ejemplo se sentó frente a todos nosotros y, tomando la cuchara como un fusil, con la mayor disciplina militar, empezó a tragarse aquello. Algunos de los reclutas próximos al teniente, por miedo o por arrastrados, de mala gana se engulleron aquella inmundicia.

Mis amigos y yo, nos habíamos sentado al final del comedor. Nosotros al igual que el teniente, llevábamos la cuchara en dirección a la boca, pero por el camino la desviábamos hacia el piso de tierra. El chícharo regresaba a su lugar de origen: la tierra, que al mezclase con ella se volvió un fango espeso y resbaladizo.

El teniente de regreso a la comandancia, y con el estómago lleno de aquel engendro, se sentía satisfecho del deber cumplido. No le quedaba la menor duda: estaba convencido que forjaba el carácter de esos indisciplinados que, siguiendo su ejemplo, llegarían a ser los hombres nuevos que, como se decía en mi barrio, debían tener cuatro brazos, sin estómago y sin cerebro.

DENTISTA A DOMICILIO

En los primeros meses en el Polígono de tiro, no daban pases ni para ir al médico, y tener un dolor de muelas en aquel sitio era desesperante. Me sentía impotente ante aquel suplicio, como el personaje del cuadro *El Grito* de Munch.

El sargento, al oír mi queja me dijo que tuviera paciencia que en esos días llegaba el camión del dentista, por lo que pregunté con más dolor que asombro:

—Sargento, ¿cómo es eso del camión del dentista?

—Es un camión itinerante, que cuenta con los mejores equipos dentales para asistir a los soldados que lo necesiten. 51, le repito, tenga paciencia.

Con la misma ansiedad que deseaba que viniera el dentista, me repelía esa idea; y es que desde la infancia tenía un trauma con esa rama de la medicina.

A los siete años me llevaron al dentista por unas caries, y aquella máquina que taladraba mi muelita, me hizo sentir un terrible dolor. Aún me acuerdo del sádico doctor, diciéndome: «Ya estamos acabando», cuando en realidad con el que estaba acabando era conmigo. Aquello dejó sembrado en mi subconsciente un miedo-terror-pánico, que arrastré durante muchos años. Por no repetir ese sufrimiento ahora tenía otras caries, más profundas e irremediables.

Sabía perfectamente que la única solución a mi muela era arrancarla de raíz. El lado derecho de la cara se me hinchaba por momentos y sentía fuertes latidos en la mandíbula. Una tarde vino corriendo Robert, con la noticia de que estaba llegando el camión del dentista. Salí disparado a su encuentro, y lo que vi fue un vehículo destartalado, moviéndose como rumbera por el terraplén. El sargento Rodrigo me dijo con cierta compasión:

—Recluta 51, apúrese que usted va a ser el primero.

Al entrar al camión, cuál no sería mi sorpresa cuando observo un equipo dental que parecía del siglo XIX. El dentista era militar y le vi los grados de teniente, enseguida me preguntó:

—Recluta, ¿cuál es su número?

—Recluta 51, señor.

—Cómo señor, soy el teniente Trelles.

—Perdón teniente, mire yo vine para que me saque esta muela.

—¿Quién es el dentista? —dijo molesto—. Aquí el que manda soy yo, y creo que la podemos salvar.

—Bueno teniente, usted es el que sabe, pero... ¿me puede poner anestesia? —dije, casi suplicando.

—Ni lo sueñe, la anestesia es sólo para sacar muelas, y esta la voy a empastar.

Dicho y hecho, el dentista-teniente empieza a darle con el pie a un pedal que accionaba la maquinita dental, como hacía mi abuelita con su máquina de coser Singer, y es cuando se empieza a oír el sonido del taladro que se acerca amenazante.

—Abra bien la boca.

Y yo, resignado a esa tortura medieval, cumplí la orden:

A A A A A A A...

Es entonces que su pie le da con más fuerza al pedal, produciendo un sonido atronador, al tiempo que empieza el suplicio: la barrena asesina va perforando en seco, y la fricción calentaba al extremo mi mandíbula, lanzando trocitos de muela que rebotaban dentro de mi boca. Yo tenía la certeza de que aquel animal no era un dentista, sino un obrero taladrando una calle, por lo que de un salto me levanté de la silla y le dije:

—¡Coño espérate!

A lo que me respondió airado:

—¡SIÉNTESE EN ATENCIÓN!

—Cómo que me siente en atención, teniente, eso no existe.

—Bueno, lo que quiero decir es que acabe de sentarse y no sea tan pendejo.

Con todo rigor siguió su labor destructora, y cuando con la lengua sentí que sólo quedaban pedacitos de mi arruinada pieza, es que me dice descaradamente:

—La verdad es que mejor la sacamos porque veo que no tiene remedio.

A lo que agregué desconsolado:

—Pero... yo se lo decía...

En el momento que trata de sacarla se le parte lo que quedaba de ella, y tiene que extraer con un pincho el resto de los fragmentos. Imagínense como quedé después de aquel tormento, quería que la tierra me tragara.

Cuando salí de allí les conté mi odisea a los que esperaban fuera, y al oírla todos desaparecieron como por arte de magia con sus caries a cuestas.

Y como nadie más quiso visitar al teniente-dentista, éste se fue a toda prisa con su camión destartalado, en dirección a otra unidad militar, en busca de nuevas víctimas.

EL PRIMER PASE

Después de más de tres meses sin pase, viviendo en tiendas de campaña, piso de tierra, sin agua potable ni electricidad, y tratándonos como a animales, al fin llegó el primer pase de veinticuatro horas que nos obsequiaron, para que regresáramos al lugar de donde nunca debimos haber salido: nuestra casa.

Recogí la ropa sucia y la eché en un bolsón de tela que le llamaban «gusano», igual que nos decían despectivamente a los que pensábamos diferente al Gobierno, y junto a los otros reclutas que también salían de pase fuimos subiendo al camión y partimos rumbo a la ciudad. Yo tenía la mente en blanco, estaba casi anestesiado por el contraste entre la pesadilla y la realidad. Cuando estábamos entrando en el barrio de Marianao, me impresionaron las luces de los semáforos, las tiendas y tantos carros en todas direcciones. Estas imágenes que antes me eran cotidianas, ahora me resultaban alucinantes, como un regalo en el día de Reyes.

El camión siguió su curso por la ciudad hasta que en una esquina frenó violentamente, provocando que casi nos cayéramos, al tiempo que se oyó una voz de mando:

—La calle Primelles.

¡Abajo y de un solo tajo!

Primero tiré el gusano al piso y de un brinco caí en el asfalto. La experiencia de mis botas sobre una superficie plana fue deliciosa. Mis pies, que en esos meses sólo pisaban el terraplén, la hierba o los «dientes de perro», y que ahora estaban sobre la acera, sintieron al mismo tiempo una sensación de inseguridad y desequilibrio hasta que reconocieron su hábitat natural: mi ciudad.

Todo a mi alrededor me trajo a la memoria cuando era una persona y no una propiedad del Estado. Me acerqué a la parada de la guagua, y vi llegar una con gente colgando por fuera como racimos de plátanos. Como siempre, no paró y tuve que correr tras ella hasta la otra cuadra. Antes, eso me resultaba horrible pero ahora no me molestaba, es más, le sonreía a todos porque ya estaba en La Habana, y al fin iba a ver mis padres.

Al bajarme del ómnibus en la esquina de mi casa, los ruidos de la ciudad me fascinaron: los vendedores, los carros tocando las bocinas y una ambulancia que pasó veloz, aullando con su sirena. Todo era nítido y brillante. Era mi barrio, con sus baches y los niños jugando en el medio de la calle. Cuando llegué a mi cuadra, los vecinos me dieron un saludo efusivo, pero también lastimero, como a quien regresa de un hospital o de la guerra.

La puerta de mi casa estaba entreabierta, como siempre, para mitigar el calor. La empujé suavemente y vi a mi madre sentada en su sillón. Se le abrieron los ojos bien grandes y se le iluminó el rostro, sonriendo ampliamente.

—¡Mi hijo, al fin regresaste! —y rompió en un llanto profundo.

Minutos después, se queda mirándome fijo a los ojos y me dijo:

—Luis, tú tienes una mirada diferente.

—Cómo diferente, mami, yo soy el mismo —dije sorprendido.

Pero claro que debía estar mirando diferente, la vida me había cambiado de forma radical. Pasaron sólo meses y ya nada podía verlo igual. Fue un giro de 180 grados que me sepultó de golpe en un gran absurdo. Lo único que no había cambiado era el cariño que sentía por mi madre, ni el bistec con papas fritas y arroz moro que me preparó. Devoré aquel manjar exquisito, que de golpe me regresaba a la infancia, mientras mi madre me seguía observando detenidamente.

EL NAUFRAGIO

En una noche de tormenta y con un frío que calaba los huesos, me encontraba de guardia de doce a dos de la madrugada frente a la última tienda de campaña, la cual estaba vacía con los colchones enrollados hacia la cabecera de cada litera, como era costumbre cuando salían de pase los muchachos. Enseguida empezó a llover torrencialmente, por lo que corrí hacia la tienda para guarecerme. La lluvia no paraba y percibo que no se ve un alma por los alrededores. A pesar del temporal había una aparente tranquilidad en el ambiente que me relajó el cuerpo y la mente. Se me empezaron a cerrar los ojos. Los abría bien pero se me volvían a cerrar de golpe. Saqué la mano para coger agua de lluvia y mojarme la cara, y nada: estaba muy cansado. Me senté en la litera ubicada frente a la entrada, donde podía ver el panorama, acomodándome contra un colchón enrollado y buscando la posición perfecta. Puse el fusil en mi pecho y abrí bien los ojos, para desde mi punto de observación controlar toda el área. Miraba fijamente la entrada, y eso fue lo último que recuerdo. Me fui del mundo como un operado con anestesia general. Al rato desperté bruscamente, y asustado por un barullo que se oía no muy lejos, salí a ver qué pasaba.

La tienda de campaña de al lado estaba alumbrada y había un entra y sale de personas que no era normal. En ese instante pasó un recluta y le pregunté:

—Oye, ¿qué está sucediendo?

A lo que me respondió:

—¡Muchacho, ocurrió un naufragio! ¿Y tú dónde estabas? ¿Te quedaste dormido en la guardia?

—¡Nooo, que va! —contesté nervioso.

Eran las tres de la mañana y mi guardia había terminado a las dos. Había pasado una hora y no me habían relevado. La cosa era grave. Yo esperaba que me reportaran por haberme quedado dormido en la guardia. Ya estaba resignado, pero no pasó nada: todos se encontraban demasiado preocupados como para pensar en mí. Aún no atinaba a darme cuenta de lo sucedido... ¿Un naufragio, aquí?

Con mucha curiosidad me acerqué a la entrada de la otra tienda y vi a unos extraños empapados de agua; otros, tomando un café humeante. Había encallado un barco pesquero de gran calado en los arrecifes, arrastrado por los rezagos de un huracán en el Caribe.

Hubo rescates heroicos de pescadores por parte de nuestros reclutas, que desafiaron las inclemencias del tiempo a riesgo de sus propias vidas. Incluso, salvaron a un perrito que era la mascota del barco. Todo eso mientras yo dormía a pierna suelta en mi guardia. Nada, que el cansancio hace cosas impredecibles cuando se lleva al ser humano a situaciones extremas; y les aclaro, nosotros no cuidábamos sus intereses, que no eran los nuestros, al contrario, nos cuidábamos de los *mayimbes* para que no nos pescaran durmiendo, porque era seguro un pasaje directo a la prisión de La Cabaña. Por eso, como ellos estaban tan entretenidos con el intrépido salvamento de los pobres pescadores y no se dieron cuenta que dormía en la guardia, puedo decir con toda propiedad que yo también fui un sobreviviente del naufragio.

CAMARIOCA

Viene bajando de la posta uno un jeep perteneciente al Estado Mayor, algo nada común en aquel inhóspito lugar. Al acercarse a la comandancia el sargento eleva la voz de mando diciendo:

«¡CAMPAMENTO ATENCIÓN!», por lo que cada recluta donde quiera que estuviera se cuadró en atención. Se baja del jeep un oficial y ordena reunir a toda la tropa. Una vez formados saca un documento de su portafolio y lo muestra en alto, como para que reconozcamos el membrete del Estado Mayor. El cuello del oficial se estira, como si leyera un pergamino real en una comarca de la Edad Media, para informarnos un comunicado del ministro de las Fuerzas Armadas, donde se mencionaba que el Gobierno había autorizado a los cubanos exiliados que vivían en los Estados Unidos a recoger a los familiares que tuvieran en Cuba. El lugar era el puerto de Camarioca, y la forma de salida, por barcos procedentes en su mayoría de Miami. Acto seguido nos revela que el Ministro había preparado una embarcación destinada para que todo miembro de las Fuerzas Armadas que quisiera abandonar el país pudiera hacerlo ya que no querían tener a un soldado en sus filas que no simpatizara con ellos.

Ante aquella inaudita generosidad todos nos miramos con suspicacia y gran desconfianza, ya que tanta amabilidad nos desconcertaba, pero... ¿será cierto? —pensaron doce de los sesenta que componíamos el campamento. Aún con una carga de dudas, se jugaron el todo por el todo y aceptaron la oferta. Del susto pasaron a la euforia. Estuvieron todo aquel viernes haciendo planes para cuando llegaran a «la Yuma». Al otro día salieron de pase rebosantes de alegría; pensando en las caras que pondrían sus padres al saber la decisión.

Pero Egaña estaba indeciso y se presentó frente al teniente para preguntarle:

—Teniente, quisiera apuntarme en el barco, pero tengo que consultar a mi mamá para ver si ella me autoriza.

El teniente responde:

—No hay problema, el domingo es tu pase y puedes consultarla.

Egaña quería estar seguro de la opinión de su madre, porque lo que menos deseaba era causarle un disgusto. Nos contó, que una vez tuvo tantas ganas de verla que se fugó una madrugada, y cuando estaba frente a la puerta de su casa pensó que ella no aprobaría su fuga, y en ese momento decidió regresar al campamento, sin siquiera darle un beso.

El lunes, cuando empezaban las labores matutinas en la unidad, Egaña ya estaba de regreso de su pase y con la respuesta de su madre. Pide hablar con el teniente para decirle:

—Teniente, consulté con mi madre y está de acuerdo, así que apúnteme en la lista de los que se van del país. —Ahora eran trece.

Unos minutos más tarde viene bajando, otra vez de la posta uno, el jeep del Estado Mayor y al acercarse de nuevo a la comandancia el sargento vuelve a elevar la voz para decir:

—¡CAMPAMENTO ATENCIÓN!

El oficial se baja del jeep, convoca a la tropa para leer otro comunicado, donde nos informa que el ministro de las Fuerzas Armadas determinó que fue imposible conseguir el barco que desde el puerto de Camarioca, llevaría a los reclutas a Miami, pero que no iba a haber ninguna represalia contra los que se apuntaron.

A los trece reclutas la mala noticia les cayó como un balde de agua fría. Vivieron días, semanas y meses de angustia, hasta que el paso del tiempo les demostró que el Gobierno no haría nada en contra de ellos, por lo que respiraron aliviados al fin. Un día como otro cualquiera, muchos meses después, llegó un camión con el mismo oficial quien preguntó por los trece. Los formaron en línea y, simplemente, les dijo:

—Preparen sus pertenencias que nos vamos.

Nunca más los volvimos a ver. Fueron directamente para Camagüey a un lugar que después se conocería como las UMAP, campos de concentración de trabajos forzados para desafectos al Régimen. La demora de meses en llevárselos, que hizo creer a nuestros amigos que el Gobierno los había perdonado, se debió a que dichas instalaciones no estaban listas en aquel momento, y no a su bondad.

LA PRIMERA ZAFRA

En el tiempo que pasé en el polígono de tiro tuve la posibilidad de que me mandaran a las zafras kilométricas del Régimen, en varias oportunidades.

Fue en 1965 la primera vez que corrí ese riesgo. Estaba en capilla ardiente, pues aparecía en la lista fatídica de los que marcharían a la zafra por casi ocho meses. Pensando en lo que se avecinaba, me acordé que cerca de la entrada de nuestro campamento había una vieja valla anunciadora, rezago de un pasado más amable, que podría salvarme de aquel atolladero. Fui a la comandancia, pedí hablar con el teniente y le propuse hacer en esa valla un mural conmemorativo de nuestra actividad. El teniente Osmel aceptó la idea con la condición de que cuando terminara el mural me incorporaría al contingente cañero.

Como ellos no tenían los materiales necesarios, yo les sugerí que necesitaría cinco días de pase para conseguirlos, aunque empleé para ello un solo día. Les pedí que me hicieran una carta dirigida a una fábrica de pintura que conocía, solicitando que nos donaran latas de pintura de distintos colores para la creación de un mural en nuestra unidad militar.

El administrador de la fábrica comprendió «tan noble» solicitud y me dio toda una variedad de colores y brochas que tenía a su disposición. Salí de la fábrica con aquella preciosa carga directo a mi casa, donde descargué la mayor parte del material que aseguraría la pintura de las paredes de mi hogar, la cual ya estaba bastante deteriorada.

El trabajo lo desarrollaba lentamente, estirando cada pincelada porque un día más pintando el mural sería un día menos en el corte de caña.

La temática del mural era una práctica de tiro donde en un primerísimo plano aparecía un recluta calificando el tiro; después, la batería de cañones antiaéreos y a un lado, la tribuna de piedra donde estaba la plana mayor, allí puse al comandante Mesa, el jefe de todos, ordenándole algo al sargento Rodrigo que estaba abajo en el terreno y que se cuadraba de forma sumisa. Al recluta Egaña lo dibujé subiendo a la tribuna con una jarra de agua mostrando aquella risita que lo caracterizaba. Al teniente Osmel lo pinté de forma caricaturesca y algo encorvado. Toda la composición fue realizada por piezas independientes, por lo que cuando pintaba algo que sabía que no les gustaría, lo hacía cuando ellos no estaban cerca.

Y llegó el gran día de la inauguración de la obra, la que coincidiría con la práctica de tiro más importante del año; donde se daban cita los principales *mayimbes*. Armé con malicia la totalidad de las piezas, a última hora, para crear el factor sorpresa, y es cuando aparece el sargento Rodrigo, quien me reclama molesto:

—Recluta 51, no me gusta cómo me pintó.

—Pero sargento, lo puse recibiendo ordenes directas del Comandante, yo creo que eso lo destaca a usted.

—Bueno, nos veremos después de la práctica —expresó amenazante.

Al rato se me acercó el teniente Osmel, quien al ver su imagen en el mural me dijo contrariado:

—Recluta 51, ¿ése soy yo?

Y cuando iba a responder entra el capitán López, que era de baja estatura —muy parecido a un proyecto de *cowboy*—, de voz ronca y fuerte personalidad, que contestó por mí:

—Osmel, pero si tú estás igualito, ¿cuál es el problema?

El capitán López había captado perfectamente mi intención burlona en el mural, pero no me censuró, por el contrario, lo vi sonriendo con discreción.

El teniente, de mala gana, aceptó su representación, y siguió la fiesta.

El éxito del mural hizo borrar mi nombre de la lista de la zafra, realmente fui una baja sensible en el contingente cañero de ese año.

LA BOTELLA

Un día de pase, Nelson y yo salimos por la posta uno, que estaba justo al borde de la carretera y frente a la Granja del Pueblo. Allí había una parada de ómnibus donde esperábamos con paciencia adivinar una guagua interprovincial, de esas que pasan cuando les da la gana. Nelson, que al igual que yo buscaba en sus bolsillos algunas monedas para el pago del pasaje, observó muy contrariado su dinero y me comentó:

—Cincuenta y uno, esto es un descaro.

A lo que pregunté:

—¿Qué es un descaro?

—Compadre, los siete pesos que nos pagan, eso no alcanza ni para cigarros, y menos para llevar a mi novia al cine; y encima nos hacen trabajar como mulos.

—Tienes toda la razón. Yo a veces me pregunto quién fue el HP que inventó esa cifra de siete pesos mensuales y durante tres años.

Tratando de buscar una solución le dije:

—Mira, Nelson, vamos a pedirle «botella» a algún transporte que nos quiera llevar hasta Marianao, y así nos ahorramos un dinero —y tras decir esto tratamos de parar un camión haciendo la señal con el dedo, pero pasó de largo, a toda velocidad, como si no existiéramos.

—Oye, 51, nosotros no podemos enseñar la pantorrilla para que nos paren, porque quién va a pararle a unas patas peludas.

Y mientras Nelson se reía solo de su broma se me ocurrió una idea…

Cuando vi venir otro camión, en vez de emplear la señal con el pulgar, usé el índice para señalar el sellito del SMO en mi brazo. El chofer, al reconocer el membrete, paró en firme. Mi amigo, sorprendido de mi ocurrencia, me dijo:

—¡Asere, tú eres un filtro!

Corrimos hasta el camión y lo abordamos rápidamente. Una vez sentados, el camionero nos comentó por el camino que cuando vio el sellito nos paró porque él creía que era una injusticia muy grande que siendo tan jóvenes nos sacaran de las escuelas para meternos en el Ejército; que conocía el tema muy de cerca, pues su hijo había sido reclutado para cumplir el Servicio Militar Obligatorio; e identificado con la situación, desvió su ruta para acercarnos aún más a nuestro destino.

Las botellas llegaron a formar parte esencial de nuestros pases. Los medios de transporte variaban, ya que un día nos podía llevar un auto, pero muchas veces íbamos en la cama de un camión, entre puercos o gallinas.

Los comentarios de los diferentes choferes nunca eran iguales. En una ocasión recuerdo a otro camionero que durante el largo trayecto me hablaba con la jerga del Régimen:

—¡Ustedes los reclutas, deberían estar orgullosos de haber sido llamados a las filas del SMO!

Ante tal estupidez contesté tajantemente:

—Compadre, cómo vamos a estar orgullosos de estar encerrados y disfrazados de verde olivo.

En ese instante frenó bruscamente y me increpó:

—¡Vete *pal* carajo, gusano de mierda!

Y con la misma me invitó a que abandonara de inmediato su camión.

Yo por mi parte le mandé saludos a su madre.

En las próximas «botellas» tuve cuidado de cerciorarme de cómo pensaban aquellos camioneros, por eso cuando me preguntaban que me parecía el Servicio Militar Obligatorio, yo les preguntaba a su vez a ellos: «Dime primero, ¿qué te parece a ti?».

EL COMECOCO

Al salir del comedor lo único que teníamos en el estómago era una frustración, porque, quién se iba a comer aquellos chícharos con gorgojos. Por eso, las conversaciones habituales eran recordar comidas de otras épocas como la carne asada, la vaca frita y el bacalao a la vizcaína, en fin, tiempos felices de pasadas glorias.

Yo, en particular, siempre les hablaba de los riquísimos postres de mi madre, como sus flanes y natillas. También había unos dulces en conservas, deliciosos, como el dulce de coco y... Hablando de eso, les diré lo que me sucedió un día en el campamento.

Ese día, pasaba por la parte de atrás de la cocina cuando vi la enorme ventana abierta completamente, había sobre una mesa, justo debajo de la ventana, una lata grande de dulce de coco, abierta, como incitando al pecado. Al otro lado, un plato con una cuchara y más allá, una cuña de queso atravesada por un cuchillo.

Una sonrisa malvada apareció en mi rostro. Miré a todos lados y no vi a nadie. Y para estar seguro, di una vuelta por fuera a toda la cocina y no había moros en la costa. Con más tranquilidad, metí las manos a través de la ventana, tomé un plato hondo y lo llené de dulce de coco. Corté un buen pedazo de queso, que hizo que se desbordara el exquisito postre, y cuchara en mano intenté comerme aquella delicia que antes me había comido con los ojos, y que significaba un verdadero acto de libertad, pero no sin riesgos. Cuando la cuchara iba con desespero hacia su destino para consumar el hecho, oigo detrás de mí una voz nasal y estridente que rompió aquel encanto:

—¡Recluta 51!, ¿qué hace?

Era el sargento Rodrigo, muy serio y enojado:

—¡Tiene un reporte y el pase suspendido por comecoco!

Lo más triste del caso es que no pude comer ni un bocado del dulce de coco, y lo único que conseguí fue que, a partir de ese instante, me empezaran a decir en el campamento: «El Comecoco».

EL BISTEC MÁS GRANDE DEL MUNDO

Perder el pase semanal por intentar comerme un plato de dulce de coco no era justo, pero el sargento Rodrigo estaba convencido que había cumplido con su deber, por eso aquel sábado, para reforzar el castigo, me mandó de guardia de madrugada. A Enrique, que le había quitado el pase por hablar en formación, lo puso de guardia esa noche conmigo en la posta uno. A las dos de la madrugada tomamos el sendero hacia la posta, maldiciendo por el camino al sargento y a toda su familia.

El sargento entendía la disciplina sin un ápice de flexibilidad «todo por el librito». Las órdenes se cumplen y no se discuten. Ése era su lema.

Enrique me contaba que su frustración era aún mayor porque había ligado a una muchacha que, según él, ya estaba madurita para acostarse con ella ese sábado, y el sargento le había roto «el pasodoble». Enrique sabía el caso mío perfectamente porque esa era la burla de todo el campamento y para consolarme me dijo:

—Mira, Comecoco, lo que hay que hacer es joderlos bien.

—Chico, deja eso de *comecoco*, compadre…

—Perdón, lo que quiero decir es que la venganza es tan dulce como el coco. Tú sabes que yo soy el responsable del almacén, y ya verás lo que se me ha ocurrido.

Al final de la guardia, y de regreso, me comentó:

—Te tengo una sorpresa que no te imaginas —me dice esto justo al llegar al almacén.

Mira con sigilo a su alrededor y abre la puerta con cuidado. Desde dentro me llega el aire frío de la nevera, de donde saca una enorme bola de carne, no vista jamás por aquellos confines, al tiempo que me dice:

—La venganza es un bistec que se come frito —y agrega—: Fíjate, vamos a hacer el bistec más grande del mundo, para que compense la «hijeputada» que nos han hecho.

—Enrique, cómo vamos a hacer eso, ¿tú te imaginas si nos ve el sargento? Si por el dulce de coco me quitó el pase, por el bistec vamos presos.

—No te apendejes, compadre, uno no se muere en la víspera. —Y se dispuso a llevar a cabo su venganza.

Sacó la sartén y le echó aceite, pero lo más interesante fue que empezó a cortar la carne desde bien abajo de la bola, avanzando con el cuchillo, lentamente, hasta la parte superior de la pieza y así siguió el recorrido, bajando por el otro lado y terminando por donde había empezado. El resultado fue un bistec enorme que jamás había visto en mi vida, por lo que le digo:

—Enrique, eso es mucho para nosotros dos.

Y él me contesta:

—Nada de eso, es uno igual para cada uno, ese es el tuyo.

La verdad es que ese bistec allí frente a uno, con el hambre que pasábamos, y tan diferente a la carne rusa, era un sueño. Qué carajo, de un cobarde no se ha escrito nada en la historia, como decía mi abuelo. Y empezamos a adobar la carne con ajo, limón y sal.

La sartén era inmensa, pero, a pesar de eso los bistecs se desbordaban. El olor delataba la fechoría, pero la comandancia estaba a buena distancia de la cocina, por lo que freímos nuestros bistecs tranquilos y sin complejos de culpa. Una vez terminada la faena, empezamos la enorme tarea de tragarnos, a como diera lugar, semejantes especímenes. A nuestro favor teníamos el hambre histórica ya conocida.

Por increíble que parezca, Enrique terminó por engullírselo todo. Yo no pude, me estaba reventando, pero dejé un pequeño espacio para un manjar que estaba en la mesa cercana, el dulce de coco con queso. Era una asignatura pendiente. Y es que a veces los seres humanos tenemos obsesiones que si no las cumplimos nos persiguen toda la vida; por eso, como dicen en la Isla: «Hay que matar al enano».

EL REENCUENTRO

Esa tarde, al tomar el ómnibus en la calle Galiano, me encontré de repente a Estelita de pie en el pasillo junto a su madre. Yo estaba vestido de militar, pues recién había salido de pase. En el rostro de Estelita se reflejaba la dicha por nuestro reencuentro, exclamando con sorpresa:

—¿Qué es de tu vida, muchacho? ¡Cómo has cambiado!

Nosotros habíamos sido compañeros en la escuela nocturna. En esa época estaba loco por ella, hasta le pinté un retrato para intentar ganarme su amor, pero, a pesar de eso, no logré mi objetivo.

El día de mi gran fracaso con Estelita fue en una oportunidad en que uno de los profesores no pudo asistir a clases y, para matar el tiempo, a los muchachos se nos ocurrió celebrar bodas de mentira entre alumnos que parecían mostrar algún interés amoroso. Pablo y Marta fueron los primeros seleccionados, y de inmediato aceptaron la idea con gusto. Después de esa unión, buscaron otra pareja en esas bodas simuladas; alguien sugirió mi nombre y el de Estelita. La supuesta novia saltó de su asiento como un resorte para impedir que continuara la ceremonia. Aquella reacción despiadada rompió mi corazón en mil pedazos.

El Polígono de Tiro

El tiempo había pasado aquella página y otra vez estábamos frente a frente en aquel ómnibus habanero, cuando me dice:

—¡Cuánto hacía que no te veía! Oye, tenemos que vernos pronto. Perdóname, pero ahora tengo que dejarte porque llegué a mi parada. —Escribió entonces, unos números en un papelito y me lo entregó, agregando—: No dejes de llamarme, chao.

Estelita era un asunto aplazado en el tiempo, que regresaba en busca de una conclusión.

La semana siguiente la llamé y desde la primera cita nos hicimos novios. Siguiendo la usanza de la época comencé a visitar el portal de su casa y sus sillones. En las posteriores salidas íbamos al cine a ver una buena película de estreno, «procurando el momento más oscuro para darnos el más dulce de los besos», como decía Manzanero. Pero sucedía que al rato, sin quererlo se me empezaban a cerrar los ojos y a dar cabezazos. El cansancio que me producían las agotadoras guardias en el campamento y la falta de sueño, vencían a la libido, hasta que me despertaba con mi propio ronquido.

En cada pase de fin de semana nuestra relación se profundizaba aún más, pero a pesar de eso, el fantasma de una boda y de las responsabilidades que conllevaba, me preocupaba enormemente. Una noche en la oscuridad que reinaba en el *nightclub* El Escondite de Hernando, Estelita me dijo sin cortapisas:

—Las limitaciones te las pones tú...

En ese instante pasaron por mi mente atropelladas imágenes, como en una película de horror: la virginidad, la sangre, el llanto, qué dirá mi madre, el mea culpa, un hombre asume las consecuencias de sus actos, ¡soy muy joven para casarme!, ¡qué linda la novia!, ¿cuántos meses tiene?, ¿es niño o niña?, ¡ya se meó otra vez!, ¡CARAJO... su llanto no me deja dormir! Sacudí la cabeza tratando de expulsar aquellas descabelladas ideas y de manera cortante dije:

—Mejor nos vamos que se está haciendo tarde.

Como decía mi padre: «Un hombre tiene sus necesidades», y tener novia señorita en los años sesenta, donde todavía quedaban vírgenes —a pesar de ellas—, no cubría esas necesidades, y la pasión nunca llegaba a feliz término, al contrario, las hormonas pasaban de la fiesta prometida a aguárseles la fiesta, dejándome con un tremendo dolor en el alma que me bajaba hasta el sur del plexo solar.

En los planes de la madre de Estelita no estaba que yo rompiera sillones en un noviazgo extenso. Y fue una tarde, cuando suavemente nos balanceábamos, precisamente en los sillones del portal, que aparece la señora con una toalla bordada. La toalla tenía la palabra EL, en letras góticas. Pensando que ella me mostraba su trabajo artesanal con gran orgullo, le comenté:

—Bella labor, pero... ¿por qué puso EL?; ¿quién es él?

—Yo no puse Él, sino una E y una L entrelazadas, que son Estelita y Luis. ¿Te llevas la indirecta? —me dice con sorna.

Repliqué, como si no fuera conmigo:

—Lindo trabajo, señora, la felicito.

El efecto que mi probable suegra quería conseguir resultó todo lo contrario, al punto de que a la semana siguiente inventé una excusa a Estelita para no verla, y me puse de acuerdo con varios reclutas de la unidad para ir a los carnavales de La Habana, que eran sin duda, la gran fiesta del año. Por entonces, todavía desfilaban algunas carrozas que mantenían esa tradición popular. Sin embargo, el Gobierno se encargaría de tergiversar su sentido original, para convertirla con los años en un festejo por la terminación de la interminable zafra azucarera, en el mes de julio.

Nosotros como jóvenes tratábamos de divertirnos como podíamos, y esa noche teníamos un solo objetivo: la caza mayor de alguna belleza que se nos pusiera a tiro. Y fue allí que pasaron frente a mí unos ojos traviesos y vivaces que me atraparon, y de cazador pasé a ser cazado. Ella seguía a una comparsa y yo la seguía a ella. De vez en cuando la chica miraba hacia atrás, como buscándome con la vista. Fue entonces que me sonrió. Nos fuimos apartando de la comparsa, poco a poco, para alejarnos del bullicio. Ella rompió el silencio para hacerme una pregunta muy original:

—¿Cómo tú te llamas?

Por poco le digo el recluta 51.

—Este... Luis.

—Yo, Rosa —contestó parpadeando inquieta, como aleteo de mariposa.

La tomé de la mano al tiempo que le dije:

—Vámonos de aquí que hay mucha gente.

Y entre la música contagiosa y el regocijo que flotaba en el ambiente, en nosotros surgió una identificación natural y espontánea, por lo que sin apenas proponérnoslo estábamos frente a una posada habanera, de esas donde no abunda el agua ni la limpieza, pero donde las hormonas pasaban por alto esos pequeños detalles.

Después de aquella noche fabulosa, se presentaba ante mí una complicada disyuntiva entre el placer y la virtud. Difícil decisión para un joven que tenía solamente veinticuatro horas de pase semanal. La balanza se inclinó hacia el ejército de espermatozoides que esperaban su liberación.

Muy a pesar mío, tomé una determinación radical. Me dirigí a casa de Estelita para tener una conversación seria sobre nuestra relación. Por el camino me venía a la mente que su rechazo años atrás, en aquella boda ficticia, había quedado en alguna gaveta de mi subconsciente, lo que me facilitó que cuando la tuve frente a mí le dijera solemnemente:

—Mira, Estelita, cada día te quiero más, es un cariño muy especial, pero no es amor.

Ella se asombró ante aquella tajante declaración y me replicó contrariada:

—Bueno, qué quieres que te diga, esto me sorprende.

Y sin esperar que surgieran diálogos innecesarios que dilataran la situación, le di un beso en la frente, me levanté, miré el sillón sabiendo que de alguna manera lo iba a extrañar y me retiré.

Al doblar la esquina sentí un gran alivio, la suerte estaba echada. Desde un teléfono público llamé a Rosa y le dije simplemente:

—Rosa, espérame que voy *pa'llá.*

¿EL GÜIJE?

Ramón era un recluta pelirrojo, de fuerte complexión física, y cuentero por excelencia. Una noche que varios compañeros contábamos historias espeluznantes que nos habían sucedido, Ramón quiso narrarnos una experiencia pavorosa que le ocurrió una madrugada que estaba de guardia de cabo de recorrido, portando una metralleta checa, como arma de reglamento.

Era una noche muy oscura, donde la luna brillaba por su ausencia. El canto de los grillos lo acompañaba por el camino a la posta uno, cuando oyó un crujir de ramas a su derecha; sus grandes orejas se orientaron inquietas, como las de un auténtico felino, en dirección al lugar. Aquel ruido aumentó su intensidad, llamando poderosamente su atención, al tiempo que una corriente helada corría por su espalda.

La primera idea que le vino a la mente fue correr desaforadamente, pero pensó que era el cabo de recorrido y que debía ser fiel a tan importante cargo. Hizo de tripas, corazón, y avanzó hacia lo desconocido, cuando sintió de pronto unos pasos aplastando hierbas y rompiendo ramas, que se desplazaban a toda velocidad. La adrenalina le dio por correr detrás de aquello que lo hacía sentirse amenazado, pero que nada había hecho en contra suya. Ramón, desconcertado, pensó: «¿Será el güije? ¡Vaya usted a saber!» entonces se le ocurrió una salida terrenal:

—¡Alto o disparo! —y nadie le hizo caso.

Ramón vuelve a la carga:

—¡Alto o disparo! ¡Después no se quejen!

Y como creyó que ya era una falta de respeto a su autoridad se encolerizó, lanzando una ráfaga de su metralleta, sin saber a qué o a quién le estaba tirando.

Los movimientos entre la maleza cesaron. Un silencio de cementerio se hizo presente. Ramón fue retrocediendo lentamente sobre sus pasos, para después correr en dirección opuesta, hasta la comandancia. Del miedo a la situación y a sus consecuencias no reportó nada. Como era lógico, nuestro cabo de recorrido no pudo dormir en toda la noche.

Al otro día, un campesino de una finca colindante, que no tenía cercas que la separaran de nuestra unidad, reportó muy triste que había encontrado a su vaca lechera preferida echa un colador, con veintitrés huequitos, contados por el mismo.

Esa misma noche yo había oído los tiros cuando me dirigía a hacer la guardia en la posta dos, por lo que me desplacé, con sumo cuidado, en aquella noche cerrada, donde no podía ver ni mis manos. Estudiaba cada pisada en dirección hacia mi destino, casi por intuición. La posta dos estaba al borde de la carretera, por lo que me guiaba por el ruido de los carros en la vía. Ya sentía su proximidad cuando choqué violentamente con una entidad desconocida que me hizo caer encima de ella; al mismo tiempo produjo un sonido infernal que me puso a temblar con un miedo atroz. Aquello se alzó frente a mí, amenazante; corrí sin dirección fija hasta impactar de nuevo con otro fenómeno como el anterior, que me volvió a tumbar, lanzando esta vez un bramido que me resultó conocido.

Sí, eran dos vacas escapadas de la finca colindante que descansaban plácidamente sobre la hierba. Éstas tuvieron mejor suerte que su fusilada compañera.

LA VUELTA A CUBA

Siempre que estaba a punto de liberarme del campamento para mejorar mi situación, el teniente Osmel inventaba algo que me destruía el plan. Ese fue el caso de mi traslado a la base aérea, que para mí representaba, en ese momento, la mayor aspiración: bañarme todos los días.

Ya todo estaba tramitado, cuando de pronto el teniente me manda a buscar para comunicarme que iba a formar parte de un grupo de quince reclutas que calificaríamos el tiro de las diferentes baterías de artillería antiaérea, por varios puntos de la isla, y que duraría varios meses. Ese era un trabajo para gente seria, y nosotros no lo éramos, por lo que desde un inicio nos hicimos el propósito de pasarlo bien, a pesar de ellos.

La primera escala del viaje fue en la provincia de Oriente. En cuanto puse los pies allí imaginé que había llegado a otro país, ya que nunca había salido muy lejos de La Habana. La vegetación me pareció de colores muy intensos y exuberantes, y el pueblo en general se mostraba muy espontáneo y sincero, hablando hasta por los codos y con una entonación casi musical, que me recordaba el comentario de los habaneros que dicen que los orientales cantan al hablar y éstos a su vez les replican que los que cantan son ellos.

Con el primer pase nos fuimos derecho a la ciudad de Holguín. El centro del pueblo era el parque Calixto García y también el lugar de reunión de toda la juventud. Estando allí me llamó la atención que las muchachas caminaban en grupos dando vueltas alrededor del parque, y los muchachos les hablaban un instante cuando pasaban cerca de ellos, hasta que si era de su interés, la muchacha se separaba del grupo para entablar conversación con el joven. No sé porqué, pero cuando llegamos nosotros dejaron de dar tantas vueltas en el parque.

Al otro día, cuando pensábamos que empezaría nuestro trabajo, nos informa un capitán que como no estaban listas las condiciones técnicas nos iban a dejar, mientras tanto, en las márgenes de un brazo de mar, cerca de un pueblo llamado Santa Lucía. Nos dieron una tienda de campaña para que la armáramos y tendríamos que permanecer veinte días esperando órdenes, pero para nuestra sorpresa era a nuestro libre albedrío, sin jefes. Nos dejaron comida para esos días, y nos dijeron simplemente, adiós.

Cada día, dos de nosotros nos ocupábamos de cocinar para todos y, con sinceridad, fueron las mejores comidas de nuestro SMO, y lo curioso es que no éramos expertos. Debe ser que cocinar en libertad mejora la sazón. Nos despertábamos a las diez de la mañana y nos poníamos a jugar a los acorazados desde las camas cercanas. «A4, te tumbé el destructor». «Eso no es nada, F2, te hundí el portaviones». Realmente era muy peligroso el fuego cruzado entre nosotros. Nunca nos bajábamos de las camas antes de las doce del día, y era para bañarnos en el mar o navegar en una chalupa que nos prestó un pescador. Esta pequeña embarcación la usábamos para llegar hasta una tiendecita a orillas del brazo de mar, que nos vendía artículos que no teníamos, como unos queques deliciosos. Por las noches prendíamos una hoguera para ahuyentar los mosquitos, y alrededor de ella cantábamos canciones de Los Zafiros y decíamos chistes durante toda la noche hasta oír aullar a lo lejos a unos perros salvajes, como lobos en luna llena.

Durante los días que vivimos allí nos olvidamos de que éramos reclutas, y también borramos de nuestra mente las dichosas guardias. ¡Al diablo las guardias! En esos días estábamos tan relajados en cuanto a la disciplina militar, que algunos nos despertábamos después del mediodía, como Robert, que dormía profundamente cuando regresó el capitán.

Esa vez casi todos estábamos despiertos cuando un soldado alertó:

—¡ATENCIÓN!

Inmediatamente nos cuadramos, menos Robert que estaba en el quinto sueño. Este oficial fue el que nos había dejado allí, y llegaba para informarnos que estaban solucionados los problemas técnicos, que el trabajo nos esperaba y que lo recogiéramos todo porque nos marchábamos.

El capitán descubre a Robert por sus ronquidos y lo sacude varias veces para despertarlo. Este reacciona molesto y sin abrir los ojos se vuelve a acomodar como si nada, creyendo que éramos nosotros. El jefe se encoleriza ante lo que consideró una desobediencia de su orden, manda a buscar un cubo de agua, y se lo tira de un golpe. Robert se levanta como un bólido y le grita en su cara:

—¡Coño e tu madre!

La reacción no se hizo esperar, el capitán ordena que le entregue el carnet militar y lo amenaza con que al regreso del viaje lo va a mandar para La Cabaña.

Al otro día nos trasladamos a la costa sur de Oriente, en una mañana fría pero soleada. Bordeando las montañas aparece a lo lejos el mar, era la playa de Marverde, en un contraste formidable, como una representación del gran teatro de la naturaleza. En este viaje descubriría paisajes impresionantes que años más tarde serían la motivación principal de mi pintura.

Días después, continuamos a lo largo de la costa hasta llegar a Santiago de Cuba. Esta ciudad, a pesar de su relieve diferente, me recordaba algo a La Habana, porque la calle Enramada se me parecía a la de San Rafael, y la Alameda de Santiago a la Alameda de Paula. Me sorprendió la calle Padre Pico, que es una calle escalonada y la hermosa vista desde la histórica Loma de San Juan. El parque Céspedes, al igual que el de Holguín era la cita social de los jóvenes santiagueros. Allí observé algo peculiar, pues las muchachas caminaban en grupo alrededor del parque en el sentido de las manecillas del reloj, sin embargo, los muchachos lo hacían en sentido contrario, produciéndose gratos encuentros ocasionales. En una de esas vueltas conocí a Elvia, quien fue mi novia mientras duró nuestra estancia en el área. Vivía en la calle Clavel, era alta y llenita, lo que anunciaba un futuro rollizo y desbordante que comprobaría años más tarde.

En una mañana de espesa niebla que lo envolvía todo llegamos a Camagüey. Estábamos en un campo abierto y las personas salían del blanco que nos rodeaba, como figuras fantasmagóricas. Al rato se fue despejando el entorno y apareció como por arte de magia un llano y extenso campo de caña. Más tarde, con los azules de la distancia, se hizo clara la Sierra de Cubitas. Varios días después estuvimos cerca de la ciudad de Camagüey, y nos dieron pase por unas horas, para poder visitarla. Estando allí pregunté donde se hallaba el parque que tenía la estatua de Ignacio Agramonte. Era cerca, bajé por la calle República hasta la calle Antonio Maceo que me condujo a su encuentro. Desde mis primeras lecciones de Historia de Cuba siempre admiré como dejó fama y fortuna por la libertad de nuestra patria. Allí parecía sentir su presencia, como si sus cenizas todavía flotaran por toda la ciudad.

La próxima escala del viaje fue a la ciudad de Cienfuegos, donde pude apreciar en un día de pase esa joya arquitectónica que es el Palacio del Valle. El guía del lugar nos comentó que fue realizado por el arquitecto italiano Alfredo Coli. El Teatro Terry fue otra de las maravillas que vimos allá, que acogiera a artistas mundialmente famosos como el gran tenor Enrico Caruso. Esta es una ciudad llena de sorpresas como el Castillo de Jagua en la bahía de Cienfuegos y la playa Rancho Luna, donde acampamos.

Continuamos el viaje, y una tarde arribamos a la ciudad de Santa Clara, que me impresionó por la sencillez de su gente y su calor humano. Cuando se enteraban que éramos reclutas nos trataban con mucha amabilidad y algo de lástima. En el parque Vidal las muchachas no paseaban alrededor del parque sino que se reunían en pequeños grupos y eran más desinhibidas que en otros lugares que visitamos. Aquí estuvimos poco tiempo, seguimos el itinerario previsto.

La última parada del viaje fue en Isla de Pinos o, como ellos dicen «Isla de la Juventud», debe ser por la cantidad de escuelas secundarias básicas en el campo que crearon para los jóvenes desterrados de sus lugares de origen. En esta isla, también estaba el terrible Presidio Modelo, de triste recordación para muchos cubanos.

En Siguanea nos recreamos la vista con los bandos de cotorras multicolores que volaban en todas direcciones. Estas fueron las últimas imágenes de este viaje, pues finalizaba el recorrido por la Isla, y significaba el regreso al campamento y al tedio habitual.

En este periplo no comenté nuestra función durante el mismo, porque para nosotros era algo intrascendente y aburrido que malamente cumplíamos. Nuestra indolencia siempre fue la reacción natural y el desquite contra los que nos mantenían lejos de nuestras familias.

De este viaje tomé lo verdaderamente trascendente que fue el viaje en sí, que me resultó como aquella excursión llamada «La vuelta a Cuba», porque me permitió ver todas esas ciudades y paisajes desconocidos para mí hasta ese momento, aunque el *tour* fuera vestido de verde olivo. Pero bueno, no hay nada perfecto en la vida.

ROBERT VS ARREDONDO

Una persona a veces está dividida en dos mitades, el que anhela ser y el que es en realidad.

Mi amigo Arredondo era un mulato del barrio de Mantilla, pendenciero cuando hiciera falta, como el día que el capitán le tiró un cubo de agua mientras dormía, y él no dudó ni un instante en mentarle la madre y después de eso, como él decía: «A morirse». Antes de ser reclutado por el SMO se hallaba edificando un cuarto con ladrillos robados todas las noches de un edificio estatal en construcción, porque estaba próximo a casarse con una muchacha que le iba a dar un hijo.

Arredondo se reunía a menudo con varios amigos negros que profesaban una religión africana. Estando entre ellos sentía que pertenecía a una cofradía donde el honor era una palabra santa. Por las noches improvisaban una rumba de cajón dondequiera, y si no había cajón imitaban los tambores con la boca: «Ba Quin Quin Priquitipá, Priquitipá...». Uno de ellos sabía un dialecto africano con el que cantaba para amenizar aquella repentina fiesta. Un día Arredondo me invitó a oír aquel concierto de percusión y así lo hice, prestándole suma atención. Al final se me acerca uno de ellos, que se sonrió dejando brillar su diente de oro al tiempo que me preguntó:

—¿Qué te parece la orquesta blanquito?

—¡Fantástica!, ustedes parecen profesionales.

Todos ellos me demostraron en el tiempo que estuve en el campamento que eran como decían «hombres a todo» y los primeros en dar un paso adelante ante cualquier injusticia.

Pero Arredondo también era Robert, así le decíamos los que al igual que él estábamos estudiando en el preuniversitario cuando nos llamó el ejército. A Robert le gustaba la buena lectura, las biografías de personajes famosos y los libros de historia. Era «chapistero» de carros, pero su sueño era estudiar Artes Plásticas, y realizar esculturas de metal. Intercambiábamos comentarios acerca de los libros que habíamos leído y sobre la música americana. Robert fue un buen amigo en tiempos difíciles como aquellos. Los amigos eran como la familia que habíamos dejado atrás.

Roberto Arredondo representaba, al mismo tiempo, las dos caras de la moneda, por una parte: el barrio, las carencias y la discriminación que a veces sentía, y por otra, la promesa de un título universitario que cambiara su vida en todos los aspectos. No tenía opciones porque no se puede borrar el pasado, pero tampoco se puede vivir sin la esperanza de un futuro mejor.

LA COLONIA FIESTA

Con la acostumbrada generosidad del teniente Osmel, no exenta de obtener alguna prebenda, ofreció mis servicios a la Granja del Pueblo, ubicada frente a nuestra unidad.

El trabajo consistía en pintar un mural en el círculo social de la Granja. Para mí representó un alivio ya que me sentía libre, por unas horas, de la estricta disciplina militar. Ante la admiración de los campesinos que veían a un artista pintando en vivo su mural, me volví el personaje del día. Todos iban a celebrar mi trabajo, y de paso me invitaban a almorzar en sus casas o me llevaban dulces, en fin, me sentía como un rey. Pero, quizá la mayor conquista que obtuve fue poderme bañar en aquel círculo social todos los días. Nuestra unidad no tenía agua potable, por lo que el aseo brillaba por su ausencia. El baño en el círculo social resultaba algo paradisíaco, me enjabonaba hasta tres veces pues no sabía si al otro día el teniente cambiaría de idea y no me dejaba regresar.

En la tienda de la Granja vendían una colonia barata llamada Fiesta, que estaba racionada pero a su «Artista Emérito de la Granja del Pueblo» se la daban por la libre. Después de un buen baño me rociaba con aquella colonia de olor fresco, dejando una estela festiva a mi paso. La primera reacción cuando regresaba al campamento, era la de los que hacían guardia en la posta uno:

—Asere, y ese olor, ¿tú te bañaste en la Granja?

—Sí —contesté con cierto complejo de culpa ante el contraste de olores.

La colonia y yo éramos centro de envidia de la buena y de la mala, por eso guardaba el frasco bajo llave, en la taquilla donde tenía lo más preciado: la maquinita de afeitar, el cepillo de dientes y la colonia Fiesta. Una tarde, al abrir la taquilla, me sorprendí porque la colonia se había ido de fiesta; había desaparecido. Les pregunté a todos y nadie sabía del paradero de semejante fragancia. Mi frustración era grande. Y cuando ya había perdido toda esperanza, se me acerca Segarra, un negro que se regía por los principios morales de su religión, diciéndome directamente:

—Oye 51, yo sé quién te robó la colonia. Yo no soy chiva, pero me jode que tú no le haces daño a nadie y que te vengan a tumbar lo tuyo. Fueron Alex y José.

—Pero si ellos no tienen la llave —contesté.

—No les hace falta, a un clavo le machacas la cabeza y lo doblas y ya tienes una ganzúa.

Le di las gracias y con eso sellamos una sólida amistad.

Con esa información llamé a Alex, aprovechando que José se había ido temprano para el médico y le conté que José me había confesado antes de irse que entre los dos me habían robado la colonia. Él lo negó rotundamente, pero yo insistí aún más hasta que cedió por cansancio, aceptando devolverme la mitad de la cantidad sustraída, no sin antes decirme con rencor que José era tremendo chivato y que no le iba a hablar más nunca en la vida.

Por la tarde me quedé cerca de la posta uno y cuando José regresaba del médico lo intercepté «raudo y veloz» y le dije lo mismo que a Alex, que éste me había dicho que entre los dos me habían robado la colonia Fiesta. Se me enfrentó, ripostándome que si seguía insistiendo terminaríamos fajados; pero yo jugándome la última carta, le enseñé el envase con la mitad que me había devuelto Alex, exigiéndole que sólo faltaba la mitad suya. José, con un gesto agresivo pero resignado me dijo:

—Ok, te voy a dar un poco de una que tengo ahí para que me dejes tranquilo, pero que conste que esta colonia Fiesta no es la tuya.

EL DÍA DE LAS MADRES

El gran problema del campamento, como les he contado, era que no había agua potable, por eso el baño era un lujo, algo inexistente. Nuestra unidad estaba frente al mar y, claro, cualquiera diría que ese mar sería un bálsamo que refrescaría nuestra existencia, pero el asunto era que al salir del agua salada el viento nos dejaba en la piel una sensación pegajosa e insoportable. Sin embargo, también había gente testaruda como Segarra, que un día se apareció en los arrecifes con un jabón de lavar diciéndonos:

—Me han dicho que este jabón sí hace espuma, ¡ya verán!

Y ante nuestro asombro empezó a enjabonarse la cabeza con el agua de mar, creando un gran espumarajo, espeso y abundante. Pero cuando trató de enjuagarse con el agua salada para quitarse el jabón, aquello se endureció como cemento que para quitarlo fue necesario cortarle todo el cabello con sumo cuidado, pero fue imposible evitar todas las cucarachas que quedaron en su cabeza.

Por otra parte, había varias formas de adivinar un baño con agua dulce, una de ellas era cuando llovía. En ese caso los reclutas usaban el agua acumulada en el portalito de tela de la tienda de campaña. Otra manera era, dejando el asco a un lado y asearnos con el agua y las bacterias de un antiguo bebedero de vacas.

Un día que nos estábamos bañando en una playa cercana vimos a lo lejos como destellaba una luz sobre una roca. Nos acercamos y, ante nuestro asombro, vimos que era un chorro de agua fresca de un manantial que serpenteaba entre las rocas. La comandancia nos permitió ir a bañarnos todos los días en aquel manantial, pero, como pasa siempre, era demasiado bueno para ser verdad, ya que la distancia entre la unidad y el manantial era de dos kilómetros, y de regreso al campamento estábamos tan sudados como al principio. Para mejorar la situación autorizaron que fuéramos en el camión de la unidad todas las tardes.

En uno de esos viajes de regreso al campamento, los muchachos se gastaban bromas entre sí, algunas de mal gusto, como aquella de Pedro de darle por la cabeza a Felipe y después mirar para otro lado como si no supiera quien fue. Felipe siempre nos advirtió que había sido operado del cerebro y que por lo mismo debía de cuidar esa región de su cuerpo al máximo. Pedro repetía esa broma pesada con insistencia lo que, por supuesto, no era gracioso. Así fue durante todo el viaje de regreso. Al llegar al campamento Felipe enfurecido y de un salto corrió directo a la comandancia y denunció el molesto hecho que había sufrido. Felipe tenía la razón, no debíamos jugar con su cabeza y menos con su contenido. El teniente Osmel, ya informado, reúne a la tropa y nos pregunta tajantemente:

—¿Quién fue el que estuvo dándole en la cabeza a Felipe?

A lo que nadie respondió.

Volvió a preguntar varias veces y nadie delataba a Pedro. Entre nosotros no existía un silencio cómplice, ni mucho menos deseábamos echarnos la culpa como el pueblo de Fuenteovejuna. Sucedía lo mismo de siempre, no queríamos ser chivatos. La delación era una mala palabra, y ceder ante la demanda del teniente era afirmar su mandato, y eso nuestra rebeldía no lo toleraba.

Entonces el teniente sube el tono y dice:

—¡Si no se presenta el culpable pierden todos el pase de mañana Día de las Madres!

Se hizo un profundo silencio entre nosotros. Nadie dijo ni una sola palabra, y con ello se selló la sentencia: no veríamos a nuestras madres en su día. Hablamos con Pedro aparte para que se entregara, pero nos dijo algo que entendimos:

—Si me entrego me mandan tres meses preso para la cárcel de La Cabaña, como es costumbre aquí por cualquier cosa.

Aceptamos eso de mala gana, y comprendimos que ese domingo sería muy triste sin la presencia de nuestras madres.

En toda regla hay una excepción, y dos reclutas negros de nuestro campamento, Segarra y Agüero, se fueron sin pase el Día de las madres, sin importarles las consecuencias. A Segarra lo fueron a buscar a la casa para apresarlo, pero evadió la captura escapándose por la ventana del baño, siendo considerado desertor hasta una amnistía dada años después por las Fuerzas Armadas. Agüero fue capturado en su hogar a los dieciséis días de la fuga. Cuando un recluta pasa quince días fuera del campamento y sin permiso se consideraba un desertor. Lo pudieron ir a buscar antes de los quince días, pero era evidente que no había buena intención, querían tener un desertor.

Fue enviado directamente a las ergástulas de la prisión de La Cabaña, donde muchos entraban por unos meses de castigo, pero después se complicaban allí, debido a la violencia que reinaba en el lugar, prolongando sus estadías en aquellas terribles mazmorras.

LA NOVIA DE PRIMITIVO

Primitivo era un campesino que fue reclutado por el SMO, como todos nosotros, pero a diferencia de muchos que estábamos estudiando en el momento del llamado, Primitivo trabajaba con su padre en el pedazo de tierra que el Gobierno les dejó después de expropiarles la finca. Sus conversaciones giraban acerca de su trabajo en el campo, pero su tema predilecto eran los animales. Había en él una gran pasión cuando describía a cada uno de ellos, como si fueran de la familia. Si había varios caballos, veía en cada uno de ellos personalidades diferentes; decía que éstos lo entendían, cuando les hablaba. Lo mismo sucedía con las vacas y las gallinas.

En el poco tiempo de descanso que teníamos, nos reuníamos en pequeños grupos para conversar un rato. Salía siempre a colación la vida que dejamos atrás y como las hormonas estaban a flor de piel, el tema del sexo era obligado. Uno hablaba de su última conquista. Otro, que era casado, e indiscreto comentaba las cosas que le iba a hacer a su mujer el día del pase. Le tocó el turno a Primitivo de hacer su comentario, y para no ser menos elevó su mirada el cielo, como recordando momentos felices, y nos comentó con ojos libidinosos:

—Mi yegua pinta era divina.

Nosotros nos quedamos pasmados, qué tenía que ver aquello con lo que estábamos hablando. Pero él nos lo aclaró:

—La pinta era muy caliente, una maravilla.

—No jodas, Primitivo, ¿tú te tirabas a la yegua? —dije asombrado.

—Sí, ustedes no saben lo que es bueno.

Y de ahí pasa a describir su relación morbosa con su amada.

—Mira, yo me sentaba en la cerca, me quitaba los zapatos y le encajaba los dedos de los pies en las corvas traseras de la yegua. Después le cogía el rabo y lo aguantaba bien fuerte, halándolo hacia mí, y ahí empezaba la fiesta. Debo decirles que ella lo disfrutaba mucho, incluso cuando en alguna oportunidad pasaba cerca de ella, no me van a creer, pero levantaba el rabo y se ponía nerviosa.

Ante aquella confesión insólita le dije asqueado:

—Tú lo que eres es un puerco.

A lo que me contestó:

—Sí, sí, con las puercas también, son magníficas.

LA BALA PERDIDA

La tienda de campaña en que vivíamos tenía detrás de cada litera una especie de bolsa integrada a la propia tienda, la cual usábamos para guardar artículos personales. En una noche de agosto se le ocurre al sargento hacer una requisa, como hacen en las cárceles, para ver si encontraba algo anormal entre las pertenencias de los reclutas, y realmente halló lo inesperado. En una de las bolsas de la tienda de campaña aparece una bala de cañón antiaéreo de 37 mm, justo detrás de la cama de Fariñas, un joven campesino de Pinar del Río, muy delgado y de una nobleza probada. Él fue el primer sorprendido, no entendía qué hacía eso en su alforja. Esta simple evidencia lo condenaba. Para qué profundizar más, allí no había abogado defensor, sólo el juez y el fiscal que eran la misma persona, el teniente Osmel, quien dictó su veredicto: «¡CULPABLE!».

El golpe del mazo de aquella justicia tan festinada se trocó en mandarria para que con ella Fariñas destruyera una a una las piedras del terraplén que estaba a medio construir. Fariñas estuvo picando aquellas calizas por casi veinticuatro horas, en silencio, como un Cristo en su calvario. Muchos lo creyeron culpable, porque pensaron que era una irresponsabilidad tremenda el tener consigo una bala de alto calibre que por descuido pudiera explotar y causar la muerte de muchos de nosotros. A la mañana siguiente rueda un comentario por el campamento. Alguien había visto a un recluta poner la bala en aquella alforja, y no era precisamente Fariñas. El culpable era uno de apellido Hurtado. Había un testigo, pero surgió una disyuntiva... otra vez, nadie quería ser delator. Echar *pa'lante* a Hurtado no era fácil, pero condenar a un inocente era aún peor, por lo tanto, decidimos denunciarlo en grupo.

Hurtado ocupó el lugar de Fariñas. Este le cede la mandarria y al mismo tiempo le escupe los zapatos con rabia. A Hurtado le llovieron los insultos y los salivazos por callar, cobardemente, que él había sido el verdadero culpable. Pero no era de extrañar, siempre desconfiamos de él. Era muy retraído, caminaba con los ojos clavados en el piso, como evitando mirarte a la cara.

Después de aclarado todo, surgió la pregunta:

«¿Quién le va a pedir disculpas a Fariñas, por haber estado rompiendo piedras como un esclavo?».

Al otro día, en la formación matutina, donde se repartía el trabajo y se trataban los temas generales, todos esperábamos que se aclarara la situación de Fariñas y limpiaran su imagen maltrecha. Pero lo que realmente recibió fue una orden del teniente:

—¡Recluta 43, al corte de marabú!

EL ARMERO

La unidad contaba con su propio armero, quien tenía bajo su responsabilidad unos viejos fusiles M52, alguna que otra metralleta checa y muchas municiones.

El armero era un gordo doble ancho, de ojos claros y semblante risueño que siempre trataba de caer bien; pero, quizá los herpes en su espalda producían una cierta repulsión, que lo mantenían a distancia.

Su trabajo consistía en dar mantenimiento a las armas: desarmarlas, limpiarlas, engrasarlas y armarlas de nuevo. Se pasaba todo el día haciendo eso con los mismos fusiles, para aparentar que existían más armas de las que había en realidad, y todo para evadir los trabajos más pesados del campamento, lo que me parecía muy bien de su parte: yo hacía lo mismo.

Nuestra unidad era un campo de tiro de artillería antiaérea, pero lo paradójico fue que nunca hubo prácticas de tiro con aquellos fusiles y metralletas. Sin entrenamiento previo, nos daban las armas y las municiones para hacer las guardias.

Cuando coincidía que el teniente y el sargento no estaban en el campamento era para todos nosotros como una fiesta. Parte de la diversión era pedirle al armero algunas balas extras para jugar al tiro al blanco, cosa de muchachos; pero el más muchacho era el armero que regalaba balas a todo el mundo. Ese día se oían los disparos de los reclutas por todo el campamento a diversos blancos, a veces una lata, una botella o alguna paloma rabiche.

En mi caso, sólo disparé dos tiros en mis tres años en el SMO. La primera vez fue un tiro contra una lata a la que no le di. El otro, fue en la posta uno que ese día compartía con Fonseca. En esa ocasión fue una imprudencia mía, pues para mitigar el cansancio y el aburrimiento nos dio por regresar a la infancia y jugar a los vaqueros. Para ello le quitamos el cargador al fusil y nos disparábamos mutuamente, en un combate contra la monotonía del lugar. Después de que terminamos de comer catibía le vuelvo a poner el cargador al fusil para continuar con nuestra rutina, pero Fonseca que estaba al lado de la garita sigue con el jueguito disparándome como los niños con su ¡Bang, Bang! Por mi parte, mecánicamente le apunto para disparar olvidando que le había puesto el cargador al fusil, y en el momento del disparo algo me dijo que moviera el fusil a la derecha, y la bala, que no entiende de bromas, entró en la garita, chocó contra una pared y rebotó en la otra con un silbido aterrador. Me pasó por la mente, como en una película, todo lo que pudo haber pasado; aquello no fue cosa de juego.

Las balas viajaban en todas direcciones del campamento, debido a que la generosidad del armero era grande para nuestra diversión. Pero, mientras él seguía complaciendo peticiones, el parque de municiones iba bajando rápidamente, y esto tuvo un trágico final cuando el teniente Osmel ordenó por sorpresa un inventario de las municiones de la unidad.

El resultado era evidente, de la cantidad inicial de balas que le entregaron al armero faltaba una gran parte. Al preguntarle dónde estaban, él dijo con pasmosa sinceridad:

—Bueno, teniente, la verdad es que no sé.

El gordo no podía justificar su negligencia, y en un gesto de dignidad y de hombría se echó la culpa de todo, por lo que se resignó a que cayera sobre sí el peso de su irresponsabilidad. Le celebraron un juicio sumario y lo mandaron tres meses para La Cabaña.

III
LA ESCUELA DE ARTILLERÍA

INICIO DEL CURSO

Siempre me llamó la atención por qué el teniente Osmel se sentía en la obligación de fastidiarme cada vez que podía, y ese día se le presentó la ocasión en bandeja de plata. Su mente escasa ideó mandarme a estudiar a un curso de jefes de pieza de un cañón antiaéreo, pero lo torcido del asunto era que la unidad no tenía cañones; por lo tanto no iba a tener una aplicación real, era evidente que se trataba de una especie de castigo, pues el curso era de siete semanas sin pase hasta concluir el mismo. Recogí mis pertenencias y muy frustrado me monté en el camión que me llevaría a la escuela.

Por el camino recordaba la primera escuela militar y todo lo que pasé en ella. Era como repetir la historia otra vez: las marchas forzadas y el trajín de los cañones. A pesar de que llevaba conmigo mis pinceles, que tanto me ayudaron siempre, pensé que en esa ocasión iba a ser difícil que me salvaran de nuevo.

Al llegar a la escuela vi a cientos de reclutas en formación. Después supe que muchos de ellos acababan de ingresar a las filas del SMO. Sus caras de incertidumbre me recordaban mis propias dudas un año atrás, ante un mundo desconocido.

La escuela tenía una gran diferencia con nuestro campamento, tratando de ver algo positivo, no teníamos que hacer guardias y eso era un alivio para nosotros, que compensaba en algo las siete semanas que íbamos a estar sin ver a nuestras familias.

El curso constaba de 400 alumnos divididos en cuatro grupos, de cien cada uno. Las materias eran teóricas y prácticas; estas últimas se llamaban Uso Combativo, y consistían en llevar a cabo ejercicios en el terreno con un cañón antiaéreo de 30 mm; a pleno sol.

Las clases teóricas me resultaban relativamente fáciles, pues tenía la experiencia del preuniversitario en asignaturas de ciencias mucho más fuertes; además, las prefería, sobre todo, porque eran bajo techo. Creo que la materia que encontré más interesante, y quizá con alguna aplicación en la vida civil, era la de interpretación de mapas.

Viajando en un camión desplegamos el mapa de la zona en cuestión, con el objetivo de llegar a un punto previamente señalado. Nos guiábamos por diferentes elementos de referencias que nos iban conduciendo hasta nuestra meta. Éramos varios equipos compitiendo para ver quién llegaba primero.

Durante las clases de Uso Combativo, soltamos el bofe con los ejercicios de la preparación del cañón para el combate, bajo un ardiente sol que nos derretía y nos dejaba exhaustos. El cañón era eléctrico y se alimentaba de una planta portátil. En una de las prácticas me dice un sargento:

—Recluta, usted hoy es el responsable de la planta eléctrica, al final del día tiene que llevarla para el almacén. ¡Usted responde por ella!

—Entendido, sargento —contesté.

En el descanso al final de la clase, Alfonso, un cómico natural, nos bombardeó con chistes de locos y borrachos, hasta doblarnos de la risa. Y así caminando detrás de él, como siguiendo al flautista de Hamelin, no paraba de hacernos reír, hasta llegar al dormitorio.

La noche continuó con su rutina, vimos en televisión los episodios de aventuras y el noticiero, y a las diez de la noche nos acostamos muertos de sueño. A las dos de la mañana me despertaron las ráfagas de una lluvia torrencial que atravesaba la ventana mojándolo todo. La cerré y fue entonces que al tiempo que un rayo desgarraba la noche me dije: «¡Dios mío, la planta eléctrica!».

Desafiando la lluvia inclemente salí en short y sin camisa, corriendo a campo traviesa en dirección al lugar donde estaba la planta, en el centro de un te rreno, rodeada de piezas de artillería. Por el camino ya me veía mirando a El Morro desde los barrotes de La Cabaña. Para mi sorpresa, al llegar a donde la había dejado ya no estaba allí. Corro hasta el almacén y la encuentro en una esquina, sequita y rozagante, algún alma caritativa la había recogido. Mientras tanto, yo chorreaba agua por todas partes. El alivio vino acompañado de un estornudo y con éste un catarro que me acompañó durante todo el curso.

La principal asignatura de esta escuela era, sin duda, «las charlas políticas», las que pretendían sembrar su ideología en cerebros recién lavados, aunque siempre fueron un ejercicio en el vacío, porque nosotros la veíamos como un purgante innecesario.

Todos los viernes hacían un examen de lo aprendido en la semana, y como un estímulo a la mejor nota de cada grupo le daban un pase el fin de semana. Es una lástima que no pude complacer al teniente Osmel en su intención de castigarme con este curso, pues saqué en muchas ocasiones la mejor nota de mi grupo, y por lo tanto salí de pase varios fines semanas, muy a pesar suyo.

LA CARAVANA

A pesar de que trataba de huir de las clases prácticas, no siempre pude evadirlas y es el caso del día que se le ocurre al teniente Quintana, director de la escuela, hacer un simulacro de alarma de combate con todo el armamento requerido, para salir en caravana con las piezas de artillería a fin de colocarlas en varios emplazamientos durante el ejercicio. Con el objetivo de llevar a cabo esa operación, escogen a los alumnos de mayor puntuación en los exámenes de esa semana.

A Borges lo designan jefe-alumno de la batería, y a mí, subjefe de la misma.

Borges era de mayor edad que todos nosotros, hablaba inglés y francés y decía haber trabajado en el exterior como funcionario del Gobierno. Nos comentaba también que lo habían reclutado en el SMO, como un castigo por una falta cometida en su labor. No desperdiciaba momento alguno para destacar su trabajo de civil, dando a entender que no tenía nada que ver con unos simples reclutas. Yo pasaba por alto ese detalle de su personalidad porque me gustaba escuchar las historias de sus viajes por el mundo; además, comentábamos sobre libros y cine, algo de estimar ya que mitigaba el tiempo aprisionado en aquel lugar. Al resto de los alumnos le molestaba su tono distante, como si fuera mejor que ellos.

La actitud prepotente de Borges se evidenció, aún más, cuando le dijeron que iba a ser jefe-alumno de esa puesta en escena. Se creyó el personaje y se comportó desde ese momento de forma insoportable. Por mi parte, no estaba interesado en dirigir absolutamente nada, pero tuve que aceptar de mala gana esa orden, pues, como decían los jefes «éstas se cumplen y no se discuten». Por otro lado no me imaginaba en lo más mínimo, cómo se llevaría a cabo eso, y en medio de la duda que me producía el desconocimiento observo que el sargento da una orden a Borges:

—¡Jefe de batería!

—¡Desengrase el armamento!

De inmediato Borges se vira hacia mí y como jefe-alumno me ordena:

—¡Subjefe, desengrase el armamento!

Y yo pensé, ¿y ahora a quién se lo digo yo? Pero bueno, había que hacer algo y se me ocurre ver al jefe de armamento para preguntarle cómo se desengrasaban las piezas de los cañones y dónde estaban. Era algo muy difícil para mí, y lo estaba cumpliendo lo mejor posible. Horas después, escucho a lo lejos que el sargento vuelve a dar otra orden a Borges:

—¡Jefe de batería, arme los cañones!

Como un resorte Borges me repite la orden:

—¡Subjefe, arme los cañones!

«¡Coño, si todavía no había terminado de quitar la grasa de los *salaos* cañones!», pensé atormentado.

Se me armó en la cabeza un barullo tal que no atinaba cómo resolver tantas órdenes en tan poco tiempo. Y como si eso fuera poco, al rato oigo a lo lejos que el sargento ordena algo a Borges que por la distancia no puedo escuchar bien, pero observo que Borges se cuadra militarmente como aceptando la orden y de inmediato mira para todos lados buscándome con afán para soltarme la nueva encomienda. Al ver esto me escondí detrás de una barraca, desde donde observé su desesperación.

Al comprobar que Borges va en dirección a la comandancia, me lanzo en carrera sigilosa hacia la enfermería, donde encuentro al sanitario y le digo que cargando una caja de municiones me quebré la espalda y que tenía un dolor inmenso. Este galeno improvisado determinó inyectarme una dipirona para contener el dolor imaginario. Yo sabía que esa inyección era una «patada de mulo», pero prefería eso a ser un títere para que jugaran conmigo a los soldaditos.

El sanitario estimó que no podía hacer ejercicios fuertes y me ingresó con reposo absoluto. Borges se presenta en la enfermería como el último lugar de búsqueda, y me pregunta nervioso:

—¿Dónde tú estabas?

Le dije lo del supuesto accidente que tuve y a su vez pregunté:

—Bueno, y ahora, ¿a quién vas a mandar a hacer lo que el sargento te manda a hacer a ti?

No me contestó, de su mirada salieron puñales asesinos que yo esquivé con una sonrisa burlona.

Después de unas horas de preparación de toda aquella tediosa operación, los camiones estaban listos con sus cañones para partir en caravana. Se oyó la voz de mando de salida, al tiempo que aquella tarde de cielo plomizo cumplió su promesa, y rompió en un certero aguacero sobre toda la operación. Estuvo lloviendo toda la noche y hasta altas horas de la madrugada. A la mañana siguiente me despiertan unas gotas de agua que caían sobre mí. Es Borges que empapado me increpa:

—¡Hijo de puta, me embarcaste solo con esa jodienda!

A lo que le respondí:

—Perdóname, es que estaba muy enfermo, pero, si tú supieras, después que ustedes salieron del campamento se me quitó el dolor.

LA DIETA DEL TENIENTE

Se comentaba en la escuela de artillería que el teniente Quintana ya no era el mismo. Caminaba muy lento y se notaba que había engordado demasiado. A sugerencia del político fue a ver al doctor, y éste le mandó varios análisis y pruebas médicas. El resultado de tales pruebas nos fue informado indirectamente, cuando el teniente a las seis de la mañana reúne a la tropa y nos dice con un estado de ánimo no visto en él en las últimas semanas, que notaba que los alumnos estábamos fuera de forma; que teníamos que estar listos para vencer; y para empezar íbamos a correr cinco kilómetros en short y sin camisas.

—¡ATENCIÓN!, a paso doble, MARCHEN!

El teniente iba al frente con una energía formidable. Nos hizo «soltar el bofe» durante todo el recorrido. Iba arengándonos con su voz de mando y se movía rápidamente desde el principio hasta el final de la formación, varias veces. Se veía eufórico, porque parece que dar el ejemplo produce una energía extra, como un estimulante. Después de este maratón, estábamos de vuelta al campamento exhaustos y sin aire, teniendo que regresar a nuestras clases habituales.

El teniente Quintana se dio un baño y se acostó a dormir hasta la hora del almuerzo. Cuentan que se levantó con tremendo apetito y se fue directamente a su comedor privado, que compartía con el político, a degustar un *filet mignon* y puré de papas que Rojo, el cocinero, le preparaba con tanto amor y sumisión.

Estos manjares eran el resultado de una dieta rigurosa que le había impuesto el doctor, porque tenía el colesterol muy alto y estaba falto de ejercicios. Por eso, por prescripción facultativa, todo el campamento debía correr cinco kilómetros, y el teniente comerse un filete asado diariamente. El resto de la tropa debía seguir con una dieta a base de chícharos con gorgojos dos veces al día.

Las recomendaciones médicas al pobre teniente Quintana no terminaron allí, pues, como además decía tener problemas en la columna, su cama no era una simple litera como la de todos, sino un confortable colchón con su *boxspring*.

Parte importante de su dieta lo era el tomar leche fresca, debido a un principio de úlcera supuestamente diagnosticada, para lo cual trajo a la unidad una vaca lechera para cumplir esa misión. Lo que no estaba prescripto era que todos los días el chofer de la unidad llevara a casa del teniente un cántaro de leche de aquella productiva vaca.

Sin embargo, el renglón alimenticio era más amplio, ya que mandó a construir una «cochiquera militar», con piso de cemento y techo de fibrocén, para criar cerdos y asarlos en las fechas patrias del Gobierno, donde recibíamos alguna costillita. Pero las paletas y los perniles terminaban en la casa del teniente Quintana o en la de sus amigotes oficiales.

EL POLÍTICO

Un personaje fundamental en aquella escuela militar era el político, abnegado compañero dedicado a la formación integral de los reclutas.

La labor del político era la de orientarnos ideológicamente, crearnos conciencia, o sea, lavarnos y exprimirnos algunas ideas mal concebidas, vicios del pasado que arrastrábamos todavía. En resumen, era nuestro salvador. Debido a su arduo trabajo, y para reponer las energías necesarias, se le veía siempre a la hora del almuerzo en el comedor privado del teniente Quintana. Ellos comían más proteína animal que nosotros, ya que su trabajo mental así lo requería. Además, era para que todos supieran que no éramos iguales, que ellos eran mejores.

La apariencia del político era vital para poder influir con sus ideas. Debía ser muy serio todo el tiempo: la risa o la sonrisa da la apariencia de relajamiento, y con ello no se logra sembrar el mensaje ideológico deseado. Su escenografía personal consistía en una agenda bajo el brazo, que debía llevar siempre a todas partes, y varios papeles sobresaliendo del bolsillo de la camisa. Debía caminar muy apurado, eso sugería que estaba enfrascado en asuntos muy importantes. Era en los círculos políticos cuando estaba verdaderamente en su salsa. Ese era su escenario ideal. De momento, su actuación era dramática, hacía pausas marcadas para dar énfasis al mensaje que pretendía darnos. Su libro de cabecera era uno de economía política de un tal Nikitín, un texto que tenía un aire siberiano, el que nos aclaraba que fuimos explotados por el capitalismo y que estaríamos mejor explotados por el Estado, o por lo menos, eso era lo que nosotros entendíamos en la clase. Nos ponía a leer los kilométricos discursos del «Gran Hermano», para después discutirlos, pero sin hacer críticas en contra, porque eso era «diversionismo ideológico». Eran horas lentas y tediosas, peor que los muñequitos rusos con que los padres amenazaban a sus hijos si no se comían la comida.

Un día, me ofrecí para leer los discursos, lo que no le gustó a más de uno, que me miraron con recelo hasta que comprendieron la conveniencia de que yo los leyera. Y es que según iba leyendo me saltaba párrafos completos, para así terminar más rápido con aquella tortura.

Lo que les diré a continuación es absolutamente cierto. Los círculos políticos que más disfrutábamos eran aquellos que escuchábamos en un radiecito de pila, después de que todos dormían: «La Voz de las Américas».

LA FUNCIÓN DE TEATRO

Los días pasaban bastante monótonos en la escuela de artillería. No había mucha distracción, sólo podíamos ver en un televisor para toda la unidad los episodios de *El Zorro, enmascarado y fugitivo*. Por eso, cuando nos comunicaron que el domingo nos iban a presentar una obra de teatro protagonizada por unas jovencitas nos alegramos mucho, como cuando una feria llega a un pueblo de campo.

Se colocaron los bancos que se usaban para los actos políticos, de forma que cupiera todo el personal; se trajeron sillas extras de varios locales, porque nadie quería perderse el show. Una obra en vivo, y con muchachas, era algo verdaderamente excitante. Pero, para bajarnos la nota, el teniente nos amenazó con que el que se propasara con alguna de las chicas iría preso y, como siempre, «Pa' La Cabaña». Teníamos que estar «más tranquilos que estate quieto», y así fue.

Allá a lo lejos vimos que se acercaba el ómnibus que traía a las actrices. Hicieron su entrada triunfal por la posta uno, recibiendo un espontáneo aplauso de bienvenida. Ellas se veían muy contentas por el recibimiento, como si fueran artistas consagradas, entre reflectores y candilejas. La obra tenía un habitual contenido político, pero nosotros nos fijamos más en ellas que en lo que decían. Estábamos bobos contemplándolas.

Como todo llega a su fin, terminó la representación con una ovación. La alegría se reflejaba en ellas y tuvieron que salir varias veces porque los aplausos no terminaban. Pero la verdadera sorpresa estaba por verse. Resulta que las muchachas fueron invitadas a una cena de agradecimiento por su actuación en la obra. Tremenda emoción nos embargó ante ese acontecimiento que rompía las reglas del campamento. La reunión fue en el comedor, donde las mesas eran largas y de granito. Las homenajeadas fueron llegando y ocuparon una banda de la mesa; nosotros, los alumnos, nos sentamos frente a ellas, al mismo tiempo recordando la advertencia del teniente, de guardar la debida distancia.

La que estaba frente a mí me pregunta directamente:

—¿Ustedes son del Servicio Militar Obligatorio?

—Sí —respondí, pero sin tratar de ampliar mucho la conversación.

Otra comenta en voz alta:

—Entonces, ¿ustedes son siete pesos?

—Sí —contestamos al unísono.

Miramos alrededor y no había ningún sargento, lo que nos motivó a preguntarles:

—¿Ustedes son becadas?

Rompieron en carcajadas incontenibles, lo que nos dejó perplejos.

—¿Cuál es el chiste? —preguntamos.

—El chiste es que nosotras somos de la granja Clara Zetkins.

—Y, ¿qué tipo de beca es esa?

Volvieron a reírse a más no poder, pero no nos aclararon nada.

Terminó la cena y se fueron por donde vinieron. Más tarde, y ante aquella duda, le pregunté a un sargento qué tipo de granja era la Clara Zetkins, y él me contestó:

—Compadre, ¡usted no sabe que es una granja de rehabilitación de jóvenes prostitutas!

EL TIRO POR LA CULATA

Las semanas pasaron y el curso terminó, y con éste los exámenes finales sobre aquel cañón que, como había comentado antes, no teníamos en nuestro campamento y, por lo tanto, los estudios del mismo no tendrían una aplicación real. Otra más de las ideas geniales a que nos tenían acostumbrados.

En un acto de graduación escogieron los tres primeros expedientes del curso y, para mi sorpresa, yo estaba entre ellos. Eso no hubiera significado nada para mí, si no fuera por el hecho de que tres de los maestros que nos impartieron clases habían sido promovidos a una escuela superior y, por lo tanto, sus posiciones quedaban vacantes, las que debían ser cubiertas de inmediato. Estuvieron estudiando el caso y llegaron a la conclusión de que, provisionalmente, los tres primeros expedientes de la clase cubriéramos las plazas de profesores para el próximo curso. Al teniente Osmel le había salido el tiro por la culata, pues, en largo rato no le vería la cara, ni a él ni a su campo de tiro.

A nosotros no nos preguntaron si queríamos ser profesores, sino, simplemente, era una orden y teníamos que cumplirla. Éramos un cero a la izquierda. El teniente Quintana nos reunió a los tres y nos leyó la nueva cartilla.

—Reclutas, ahora son profesores, por lo tanto deben eliminar de sus uniformes el sellito del SMO, porque el nuevo curso debe verlos a ustedes como si fueran «guardias viejos». Eso inspira más respeto y la distancia necesaria. Y, a partir de este momento, van a utilizar el dormitorio y el comedor de profesores.

Ahora teníamos que representar un nuevo papel, de público pasábamos a actores secundarios, y quizá tendríamos que emplear el método de Stanislavsky para creernos el personaje. La mayoría de los profesores eran sargentos de primera, segunda y, en su mayoría, de tercera, y después nosotros. Ante esto se me ocurrió preguntarle al teniente:

—Permiso, teniente, ¿usted quiere decir que todos los profesores somos iguales en cuanto al trabajo?

—Positivo.

—¿Vamos a tener los mismos deberes y derechos?

—Sí, positivo, profesor.

Algo había cambiado de repente. Entonces, quise poner en práctica aquello para ver si era cierto y busqué la ocasión de pasar frente al sargento de primera, Alejo, quien siempre exigía el saludo militar cuando los reclutas pasaban ante él.

Por ahí venía el sargento, lo miré fijo y sonreí saludándolo cordialmente:

—¡Y qué, Alejo!, ¿cómo va la cosa?

Alejo montó en cólera y me dijo airado:

—Recluta, cuádrese y salude militarmente.

A lo que le respondí:

—Alejo, ahora los dos somos profesores, somos iguales, el teniente me lo acaba de decir, y si tú no estás de acuerdo habla con él.

Viró la cara, muy molesto y se retiró apresuradamente.

Qué mal educado resultó Alejo, uno trata de ser amistoso con los colegas y mira como lo tratan.

DETRÁS DE LA FACHADA

El dormitorio de los profesores, que estaba compuesto en su mayoría por sargentos, era para mí un lugar totalmente desconocido, no imaginaba qué ocurría detrás de esas paredes. Aquella tarde me encontraba en el umbral de la puerta del local, dispuesto a cumplir la orden del teniente Quintana, el director de aquella escuela, de ocupar mi sitio como profesor en dicho dormitorio. Desde fuera se oían unas risotadas tan altas como sus voces de mando. Un sargento gritaba encolerizado:

—¡Me cago en la madre del que puso un blúmer en mi pantalón!

Y siguió lanzando blasfemias a granel, con toda la razón, pues su mujer al lavar la ropa había encontrado aquella prenda comprometedora en el bolsillo de su pantalón y la reacción no se hizo esperar: lo echó de la casa.

Las enormes carcajadas daban su aprobación a aquella broma de mal gusto y yo me preguntaba: «¿Estos son los mismos que tanto me jodieron con aquella férrea disciplina?». Cuando se fueron apagando las risas se percataron de mi presencia y uno de ellos tratando de arreglar el desparpajo reinante dijo:

—¡Caballeros, qué dirá de nosotros el nuevo profesor!

Esa fue la tarjeta de presentación de mi primer día en ese dormitorio, donde pesadeces como aquella vi a diario, y mucho peores que en los dormitorios de los reclutas.

Un personaje pintoresco de aquel zoológico irracional, fue el sargento Rosendo, de cabellos como erizo y cejas espesas. Siempre tenía veinte anécdotas que contar, aunque al expresarse enredaba tanto las palabras, que para entenderlo era muy difícil desenredarlas. Una tarde me contó que a los doce años de edad, estando en su casa la mesa servida, y listos para almorzar, consideró que el bistec que le dieron era más pequeño que los de todos sus hermanos, por lo que se levantó de la mesa y levantó el pie de su casa para nunca más volver. Años después, estando en una tienda de ropa para militares, oyó que a un oficial le preguntan el nombre para buscar el pedido. Al sargento ese nombre le resultó más que conocido, por lo que entonces se acerca y le dice:

—¿Usted es de Ciego de Ávila?

A lo que el oficial responde:

—Sí, ¿por qué me lo pregunta?

—Es que tengo un hermano que es de Ciego de Ávila, que se llama igual que usted y hace años que no lo veo. A él le decíamos Tico.

—A mí también me decían Tico —alega sorprendido.

—¡Entonces tú eres mi hermano!

Ese reencuentro familiar curó la herida que produjo aquel injusto bistec, que motivó al sargento a tomar una medida tan radical. Así de sólidos eran sus principios.

En una de las primeras noches que pasé en el dormitorio, dos sargentos intercambiaban historias, conversando de una litera a la otra. A mí, que estaba tratando de dormir en la siguiente litera, me llamó la atención la anécdota que contaban. Fue una tragedia provocada por dos oficiales que, a pesar de tener grandes responsabilidades y siempre exigir la más estricta disciplina, se pusieron a jugar a los pistoleros del oeste americano, a ver quien sacaba primero el revólver. Esta operación la repitieron irresponsablemente en varias ocasiones pero, como dice el refrán: «Tanto va el cántaro a la fuente hasta que se rompe», y se le escapa un disparo a unos de los oficiales, impactando en la pierna al otro cowboy. Aunque trataron de ocultarlo, diciendo que había sido un accidente, después se supo la verdad y fueron degradados.

Como profesor, y de este lado de la historia, no me fue difícil constatar que el rígido reglamento que le imponían a los reclutas del Servicio Militar Obligatorio no se parecía en nada a lo que sucedía detrás de la fachada.

CUANDO LAS PALABRAS SE TRABAN

Mi estreno como profesor tuvo su primer contratiempo cuando tuve que hablar en el matutino frente a toda la escuela, como hacía cada día un profesor diferente. Me hallaba en una especie de tribuna con todo el personal esperando que hablara, pero el problema era que a mí siempre las palabras se me trababan.

Desde niño me costaba trabajo decir algunas palabras, sobre todo las que empezaban con D o con P, casi que era una regla gramatical, si no fuera porque había que añadir también la T y la Q, y el resto del abecedario. En fin, que era un gago; un tartamudo de porquería, y lo digo bravo porque me causó muchos problemas. Me acuerdo que en la escuela cuando pasaban la lista y tenía que decir presente, la P explosiva no acababa de explotar, por tanto, muchas veces me ponían ausente, hasta que la maestra se dio cuenta y me recomendó que dijera «aquí», porque las vocales al inicio son menos conflictivas. Un tiempo después todos los alumnos empezaron a decir «aquí»: les resultaba más cómodo, pero sin saber que detrás de esa palabra se ocultaba un gago. Por si fuera poco, sentía temor escénico, que me lo había producido la misma tartamudez.

Resignado a subir al estrado, respiré hondo y, para ganar confianza en mí mismo, desvié la mirada hacia una palma que estaba al fondo, detrás de los alumnos, y empecé a hablar con ella.

—Buenos días, compañeros alumnos —había que decir esa tontería al grupo—, ¿cómo la están pasando? —eso era una coña, porque cómo diablos lo va a pasar alguien que se halla en un sitio en contra de su voluntad.

Mientras hablaba la palma movía sus hojas al viento, como si me entendiera, así que continué con ese método hasta el final de mi trova; fue cuando enfoqué mi vista al grupo completo y después a algunos alumnos del frente. Había terminado mi discursito sin haber gagueado. Atrás quedaba aquel torpe abecedario que me dio tantas zancadillas; pero faltaba otro paso muy difícil: la marcha, con el 1, 2, 3, 4...; 1, 2, 3, 4...

«¿Tendré yo voz de mando?».

LA MARCHA

Tenía a los alumnos frente a mí, y me aguardaba la primera marcha con ellos para llevarlos al comedor. Todos esperaban, como era natural, mi voz de mando diciendo: «Atención», y después: «Marchen». En ese momento pensé: «¿Se oirá bien alto o se me irá algún gallo?», pero bueno, había que romper el hielo. Llené los pulmones de aire y solté aquel ¡ATENCIÓN!, lo más fuerte que pude; miré a la tropa por si alguien se estaba riendo, pero no vi a nadie en ese plan. Respiré aliviado y continué con lo siguiente: «¡MARCHEN!, 1, 2, 3, 4...; 1, 2, 3, 4...».

En aquel instante me vinieron a la mente mis primeros días como recluta, cuando el sargento escogía de dedo, o sea, por su porte y apariencia a los jefes de batería, de pelotón y de escuadra. El dedo del sargento jamás apuntó hacia mí, creo que el desinterés y el rechazo que yo mostraba hacia ellos influían en su decisión. Sin embargo, por azares del destino en aquellos momentos estaba en el otro lado de la formación.

Yo de niño jugué mucho a los soldaditos, no de plomo, soy de la era de los soldaditos de plástico. Casualmente poseía una compañía completa del ejército norteamericano, con sus tanques Sherman y demás armamentos. Ese era mi único antecedente militar, y de pronto me veía vociferando aquello de «1, 2, 3, 4...; 1, 2, 3, 4...», y como dije muchas veces: «Comiendo mierda y rompiendo zapatos».

Durante la marcha estaba consciente de que la voz de mando puede hacer girar la tropa a la derecha o a la izquierda, incluso la detienes cuando deseas; y eso a algunos profesores les producía una gran satisfacción, como si su ego estuviera de fiesta: «1, 2, 3, 4...; 1, 2, 3, 4... ¡ALTO!»

Yo, desde el principio, comprendí que sentir un poder sobre los demás es una ilusión que contenta al mediocre y compensa su inferioridad. Además, pensando en todas las arbitrariedades y malos tratos que tuve que soportar de alumno, tomé la determinación de que eso no lo iba a repetir como profesor, la relación entre nosotros sería muy diferente.

LA PRIMERA CLASE

Al comenzar la primera clase del nuevo curso se me ocurrió decirles a los alumnos todo lo contrario de lo que nos exigió el teniente Quintana.

—Muchachos, ante todo quiero expresarles que yo soy un recluta igual que ustedes, nuestro curso puede ser un ejemplo de la relación entre profesor y alumnos, donde nos ayudemos mutuamente durante estas siete semanas.

Yo pensé que podía establecer un trato diferente al que tuve como alumno, donde los profesores-sargentos eran verdaderos fascistas con nosotros. Los alumnos reaccionaron positivamente. Estaban muy contentos, uno de ellos comentó:

—Caballeros, vamos a ayudar al profe, éste si es un bacán.

Otro dijo:

—Cuenta con nosotros *pa'* lo que sea.

La primera semana fue una panacea, pero, como decía mi mamá: «La felicidad dura poco en casa del pobre», los alumnos, al no sentir el rigor militar de mi parte, se relajaron hasta el punto de perjudicarme, y un ejemplo de ello sucedió en una clase la siguiente semana.

Les pedí a dos alumnos que trasladaran una pequeña planta eléctrica hasta el aula, a lo que me replicaron: «Cárgala tú, ¡no dices que todos somos iguales!».

Claro, ellos tenían razón, yo quería arreglar el mundo, pero mi proyecto altruista chocó con las contradicciones internas del ser humano, que no sabe cuidar lo conseguido y somos nuestro peor enemigo.

Así dejé pasar el primer curso de siete semanas, tratando de sobrellevar la situación creada por mí, y recordando lo que decía mi abuelita: «Mi hijito, de buenas intenciones está empedrado el Infierno».

EL HUEVO DE LA DISCORDIA

El segundo curso como profesor lo comencé de una forma diferente, no aclaré que era recluta igual que ellos ni apelé a su cooperación, simplemente traté de ser lo más natural que podía, conservando la distancia que debe mantener cualquier profesor en un aula.

A las dos de la tarde tenía la próxima clase, ya había almorzado pero estaba como si nada, porque la carne rusa no la soportaba y apenas toqué la bandeja, por lo que se me ocurrió dar una vuelta por la cocina para ver si se me pegaba algo. Allí veo a Rojo, el cocinero, cortando un bistec de una bola de carne con el cuidado de un sastre, cuando le pregunto:

—Rojo, no tienes por ahí una lata de algún dulce, porque tengo mucha hambre.

—No hay nada, pero además, no te puedo atender porque estoy preparando el almuerzo a mi teniente.

—¡Ah, tu teniente...! Qué penco y qué arrastrado eres... ¡Mi teniente...! Metete la lata de dulce por donde te quepa. —Y salí maldiciendo para dar la clase de por la tarde.

La clase se desarrollaba con la rutina habitual, yo estaba explicando temas que apenas preparaba con anterioridad, debido al pésimo interés que tenía en esa materia, cuando de pronto entra una gallina, ca-

careando por toda el aula. Los alumnos se reían a carcajadas por lo insólito de aquella gallina que corría sin parar y ellos cayéndole detrás. Es entonces que se para frente a mí y empieza a cacarear más fuerte al tiempo que retrocedía hasta la esquina del aula, al lado de la pizarra; moviendo las alas con violencia y restregando su cola contra la pared. En ese momento deja caer algo, y se retira: era un huevo.

Varios alumnos se lanzan a recoger tan preciado alimento, pero me interpuse entre ellos y el huevo, diciéndoles:

—¿A dónde van?

—Profesor, ¿podemos tomar el huevo?

—No, porque no es de alguien en particular, yo lo voy a llevar a la cocina del campamento cuando termine la clase.

Uno de ellos me miró con una sonrisa socarrona y me dijo:

—¿Seguro, profesor?

Y yo le contesté para impresionarlo:

—¿Quiere ganarse un reporte por falta de respeto?

Continué la clase y puse el huevo sobre el buró, el resto de la tarde el huevo fue el centro de atención de los alumnos, creo que le hacían más caso a él que a mí. Al final de la lección, los alumnos se fueron retirando y el último le echó un vistazo nostálgico al huevo, y se fue cabizbajo. A mí no me quedó más remedio que incautar el objeto de la discordia y tomar finalmente una decisión salomónica: comerme el huevo porque tenía tremenda hambre.

SABÍA DEMASIADO

Yo como profesor militar no me hubiera reco-
mendado a ninguna tropa decente, pero para el ejército que teníamos yo era el que se merecían, por
haberme reclutado en contra de mis deseos. Sí, como
profesor yo era un verdadero desastre. Preparaba la
clase media hora antes que empezara, pero actuaba
ante los muchachos como si fuera todo un experto
en la materia.

En el aula había reclutas que tenían buen nivel es-
colar, y algunos de ellos hacían gala de sus conocimientos tratando de ponerme en ridículo ante el resto de la clase. Frente a esa amenaza, yo tenía que esquivar sus pretensiones lo mejor posible.

En una clase acerca de la brújula italiana, les ex-
plicaba, como todo un conocedor de los puntos car-
dinales, que la misma poseía una aguja imantada, la
cual giraba sobre un eje que señalaba a su vez, el
norte magnético; esto permitía determinar las diferentes direcciones de la superficie terrestre. En ese
momento me interrumpe un Albert Einstein de bolsillo para preguntarme:

—Profe, ¿usted sabía que el norte magnético es
diferente al norte geográfico, y que varía de acuerdo
a la región del planeta donde nos hallemos?

A lo que respondí:

—Por supuesto, quién no sabe eso. (Aunque me había enterado en ese instante).

El sabelotodo no se queda ahí, sino que arremete a la carga:

—Profesor, ¿usted sabía que en los polos Norte y Sur, las brújulas son inútiles, ya que allí convergen las líneas de fuerza del campo magnético terrestre?

—Claro que lo sabía, ahora iba a decirlo cuando me interrumpiste —dije para callarlo.

Minutos después se acercó a la clase un sargento y me llamó aparte para comunicarme que necesitaba un recluta para llevar una carretilla de bloques de cemento al almacén. Regresé a la clase para preguntarles a los alumnos:

—¿Alguno de ustedes sabe manejar camiones?

Varios levantaron la mano, entre ellos el pequeño Finstein, al que como estímulo a sus conocimientos le dije:

—Tú, ven acá, toma esa carretilla y lleva esos bloques al almacén.

—Pero profesor, no es justo, usted habló de un camión —me replicó.

—Sí, era para saber si alguien sabía manejar camiones, para tenerlo en cuenta en el futuro. Ahora maneja la carretilla, como te dije.

Aquel fue un premio más que merecido porque sabía demasiado.

LOS MUÑEQUITOS AMERICANOS

Desde niño siempre fui un fanático lector de los muñequitos. Mi papá me compraba diez de esas aventuras todos los meses, y yo me las bebía cada una, sintiéndome el personaje principal de cada revista. En unas hojas en blanco copiaba a mis héroes favoritos, y esto fue en realidad mi primera relación con el dibujo, un antecedente que recuerdo con agrado.

A los muchachos del barrio también les gustaban mucho los muñequitos, después de leerlos se los jugaban a la baraja arriesgándolo todo a la carta más alta. Como teníamos bastantes, las tongas de muñequitos pasaban de unas manos a otras vertiginosamente, y como resultado de aquel juego, me quedé con una montaña de revistas de aventuras. Esa colección me sirvió, años después, como antecedente para cumplir mi sueño de llegar a ser dibujante de mis propias historietas.

Mi primera historieta la realicé para una revista militar estando de profesor en la escuela de artillería. El tema fue la vida del cacique Hatuey. Como el medio de publicación era militar, el teniente Quintana me autorizó a hacerla en la unidad, siempre y cuando no interrumpiera mis clases. Como mis maestros fueron los comics yanquis, llevé unos cuantos de ellos como referencia gráfica. Pero claro, no era muy normal tener decenas de esas revistas del «enemigo» en la unidad militar, lo que provocaba en mí una dulce venganza. Todos pasaban por mi mesa de trabajo y me preguntaban:

—Oye, ¿de dónde sacaste eso?

Unos, por curiosidad; otros, pensando que era material subversivo; a todos les llamaba la atención aquellos objetos anacrónicos. Había varios sargentos que me tenían en la mira porque consideraban que esas revistas eran «diversionismo ideológico», cuando simplemente eran pura diversión. La tensión llegó a su máximo nivel cuando se me acercó el teniente Quintana, motivado por la insidia de los sargentos, para poner orden en el asunto.

—Déjame hacerte una pregunta, ¿por qué traes esos muñequitos americanos a la unidad?

—Teniente, sólo son referencias para el trabajo que estoy haciendo sobre el cacique Hatuey.

Entonces, me dice muy preocupado:

—Dame acá varios de esos para estudiar el caso más a fondo, y poder tomar una decisión final.

—Teniente, tome estos muñequitos para que usted los estudie. —Y le di varios, entre ellos los de Los Halcones Negros, unos luchadores contra los opresores detrás de «la Cortina de Hierro». Y pensé: «Cuando los lea me mete preso».

Al otro día, después del almuerzo, llegó el teniente y me dijo:

—Voy a tomar una siesta, pero... ¿tienes otros muñequitos?, para seguir estudiando el caso.

—Sí, teniente, le tengo estos para que los analice. —Y le di los de Superman.

Cada día, después de disfrutar del bistec asado que el cocinero Rojo le preparaba por prescripción facultativa, reclamaba sus historietas como material de estudio. Y como el que más mandaba no los desaprobó, los detractores de mis historietas se olvidaron del asunto.

El teniente Quintana ahora dormía las siestas más placenteras, después de leer cada tarde sus muñequitos americanos, como si fueran los cuentos de Sherezada en *Las mil y una noches*.

SAN ALEJANDRO

En mis días de recluta en el polígono de tiro se me ocurrió pedirle al teniente Osmel que me dejara estudiar en la Academia de Bellas Artes San Alejandro, con la justificación de que con ello mejoraría la calidad de mi trabajo, a lo que me respondió tajante:

—Aquí no se viene a estudiar.

Pero insistí:

—Teniente, si me deja estudiar puedo hacer más eficiente las comisiones de servicio que usted me encarga.

—Bueno, voy a consultarlo con el capitán Cutiño a ver qué piensa, pero creo que va a decir lo mismo.

Después de varios días le pregunté si vio al capitán.

—No he tenido tiempo —contestó secamente.

A la semana siguiente lo intercepté, pero sin darme tiempo a preguntarle me dijo:

—Ya hablé con el capitán y dice que negativo, que no hay antecedentes de que un recluta estudie durante su Servicio Militar Obligatorio.

Aquella negativa del teniente Osmel no me tomó por sorpresa y esperé otra oportunidad más conveniente para llevar a cabo mi objetivo. Ésta se presentó al final de uno de los cursos de artillería antiaérea, cuando me encargaron la realización de un mural de gran tamaño, donde como siempre reflejé a un recluta como el personaje principal de la representación.

La obra iba a ser expuesta cerca de la entrada. Allí se hicieron tres huecos para poner las bases que la sostendrían y cuando varios reclutas con unas sogas estaban levantando el mural para colocarlo en su lugar definitivo, hace su entrada en la unidad un jeep del ejército:

—¡CAMPAMENTO ATENCIÓN!

Era el capitán Cutiño, quien se bajó del carro y se dirige directamente hacia el mural. Lo recorrió en silencio con la vista, durante varios minutos, apreciando todos los detalles de la obra; pero, cuando vio que todos a su alrededor seguían en atención ordenó:

—¡DESCANSEN!

Vuelve su mirada a la imagen, se echa hacia atrás para ver mejor el conjunto pictórico y exclamó con entusiasmo:

—¡Maravilloso…! ¿Quién hizo esto?

—Permiso, capitán, he sido yo —contesté de inmediato.

Entonces me miró fijo y me preguntó:

—Recluta, ¿tú estudiaste pintura?

—Bueno, capitán, yo pensé matricular Artes Plásticas en la escuela San Alejandro, pero no pude inscribirme porque me llamaron para el Servicio Militar Obligatorio. Si yo pudiera asistir a ese plantel podría mejorar mi trabajo en este sentido, pero como usted le dijo al teniente Osmel que yo no podía estudiar…

—¿Qué yo le dije a Osmel qué cosa?

—Él me dijo que cuando le consultó a usted sobre la posibilidad de que yo estudiara pintura, usted le contestó: «Negativo».

—¡Eso es mentira de ese hijo de puta!

El capitán indignado continúo vociferando:

—¡Tú vas a estudiar ahora porque lo digo yo! ¡Vamos a la comandancia para arreglarlo todo!

Poder estudiar estando en el SMO no era algo fácil en aquella época. Ese logro se lo arrebaté al teniente Osmel y a todo lo que él representaba. Otra vez le había salido el tiro por la culata.

EL SARGENTO RODRIGO

Estando en el salón de profesores, donde se discutían los planes de estudio, me comentan que había llegado un profesor nuevo para incorporarse a la escuela. Y cuál no sería mi sorpresa cuando me presentan al profesor Rodrigo. De inmediato pregunté:

—Rodrigo, ¿y los grados de sargento?

A lo que me responde balbuceando:

—Es que... tuve un problemita con un superior, y me degradaron.

—Entonces, ahora somos iguales, ¿no?

—Bueno, sí, somos profesores —me dijo cabizbajo.

Lo miré fríamente y le di la espalda.

El profesor Rodrigo, cuando era sargento, tenía la misión redentora de convertir a aquellos indisciplinados reclutas en obedientes soldados. Consideraba que a diferencia de los «guardias viejos» que se alistaron voluntarios años atrás, a nosotros nos habían reclutado obligados. Ese era nuestro pecado original y teníamos que pagarlo.

Entre tantas injusticias cometidas por éste energúmeno, me viene a la mente el primer 26 de julio celebrado con el uniforme verde olivo. Por supuesto, no teníamos nada que celebrar, esa era su fiesta, por lo que seis de nosotros nos alejamos del comedor donde estaban dando lechón asado y cerveza —algo nunca visto en la unidad— y nos reunimos en la enfermería, que era una tienda de campaña con varias literas vacías. Allí estaba el sanitario, un aprendiz de enfermero afable y amistoso que siempre tenía un cuento que hacer. Nos acostamos en las literas a escuchar sus anécdotas y contar las nuestras. Cuando aparece en el umbral de la entrada, como el villano de las películas silentes, el sargento Rodrigo, con un desagradable aliento etílico.

—¿Qué carajo hacen ustedes aquí? ¿Por qué no están celebrando con todos en el comedor?

Tras decir esto se coloca frente a la primera litera —donde casualmente estaba yo—, levanta bien alto su mano derecha —yo sigo su movimiento que va casi hasta el techo— para dejarla caer con todo el odio del mundo contra mi desprevenida pierna, mientras dice:

—¡Ahora si vas a estar enfermo!

No era de ingreso, pero la zona del impacto parecía que tenía un corazón local, porque latía de dolor y de rabia impotente ante la acción de ese animal. Estos manotazos los repitió litera por litera y cuando llegó a la última nos dijo:

—¡Todos van, ahora mismo al comedor a celebrar el 26 de julio!

Aquella escena nunca se me olvidó, y como un día detrás de otro nos demuestra que nada es para siempre, el tiempo pasó y por azares del destino, y sin proponérmelo llegué a ser profesor de la escuela de reclutas de nuevo ingreso, donde un Rodrigo degradado se estrenaba como un simple profesor.

En los días sucesivos no le dirigí la palabra, aunque todo el tiempo él trataba de ser simpático, pero el problema era que mi pierna tenía memoria y era vengativa.

Los profesores teníamos guardia una vez a la semana en la comandancia, y una noche que me tocó llega el soldado raso Rodrigo, con una sonrisa forzada para preguntarme:

—¿Estás de guardia hoy?

—Sí, ¿qué se te ofrece, Rodrigo?

—Bueno, te diré, el problema es que tengo una jeva que me quiero tirar hoy, pero no tengo pase, así que... ¿tú entiendes?

—¿Qué tengo que entender, Rodrigo?

—Vaya, que me voy a ir, y si preguntan por mí inventa algo.

—O sea, que tú te quieres fugar y que yo te cubra —le dije tajante—. Pero, ¿tú no te acuerdas cuando eras sargento a todos los que mandaste para La Cabaña por fugarse? ¡Y ahora tú quieres fugarte y que yo te cubra!

—Bueno, no es igual... —me dice desafiante.

—¿Cómo que no es igual?, tú ahora eres un soldado raso igual que todos.

—Chico, no te pongas en esa, no seas rencoroso —me dice conciliador.

—¡Soldado Rodrigo, si usted se va sin pase lo reporto fugado y nadie le quita los tres meses preso en La Cabaña!

Ante esto se le abrieron los ojos, bajó la cabeza y se retiró de mi presencia. Pobre Rodrigo, no pudo disfrutar aquella noche de lujuria que tenía planificada, pero lo que nunca supo es que si se hubiera ido sin pase yo nunca lo habría reportado, porque la realidad es que no somos iguales.

EL COLEGIO DE BELÉN

Nuestra unidad tenía relación con una escuela militar que en otra época se llamó el Colegio de Belén. Este plantel conservaba en sus paredes el aire señorial de sus antecesores jesuitas, pero después su interior sufrió un cambio radical, lo vistieron de verde olivo y en sus pasillos las marchas se volvieron algo cotidiano para hembras y varones que estudiaban preuniversitario con disciplina semimilitar. Fui destinado a Belén por unos meses como profesor de reglas de cuartel interno. Yo no sabía nada de esa materia, pero no me extrañó que me designaran para esas clases, pues en aquellos tiempos la experiencia sobraba en la mayoría de los casos.

El rasgo que más me llamaba la atención en Belén era la existencia de hembras dentro del plantel, las que se paseaban por aquellos pasillos como un regalo a la vista. Sus edades eran similares a las nuestras, pero cualquier intento de establecer algún tipo de contacto con una alumna era un suicidio. La advertencia era radical, pasarse una temporada en la famosa prisión de La Cabaña. De todas formas, siempre buscábamos alguna manera de relacionarnos con ellas.

Muchas veces, a manera de broma, algunos profesores que también éramos reclutas, nos escondíamos detrás de las columnas, saliendo de repente

frente a ellas. Ante la sorpresa se ponían nerviosas y se les olvidaba el saludo militar que nos debían por ser sus profesores. Ahí es cuando les decíamos:
—¡Recluta, tiene un reporte
por no saludar a un superior!
Entonces, sucedía lo mismo de siempre: se echaban a llorar y nosotros las calmábamos. Les decíamos, que por ser la primera vez no les íbamos a poner el reporte. Se enjugaban las lágrimas y respiraban aliviadas, terminando por esbozar una tierna sonrisa.

El espectáculo de ver su fragilidad y después consolar a aquellas niñas tan vulnerables hacía que bailaran las feromonas en el ambiente. Era sólo un acercamiento platónico, pero muy excitante.

Mi estancia en ese lugar, comparado con otras unidades, fue como unas vacaciones. Mi trabajo consistía en impartir dos horas de clases diarias y llevar al grupo de jóvenes a mi cargo al desayuno, almuerzo y comida, marchando con el conocido 1, 2, 3, 4...; 1, 2, 3, 4... por lo que evidentemente me sobraba el tiempo. Pensando utilizar esta ventaja no dudé en emplear un preciado día de pase para visitar las instalaciones de las revistas de muñequitos, porque me enteré que estaban buscando dibujantes de historietas. Una vez allí me entrevisté con el director, a quien mostré mi historieta sobre la vida del cacique Hatuey que me publicara la revista del ejército. La revisó con detenimiento, me estrechó la mano y me ofreció trabajar con ellos en una de las secciones de la revista. Ahora sólo faltaba el local para desarrollarlas y ese lugar fue la oficina donde se reunían los profesores. Allí había una mesa de dibujo que aproveché para realizar mi sueño de ver, al fin publicados mis muñequitos.

Como a veces sucede, la tranquilidad no siempre es completa. Ocurría que el jefe-alumno del grupo al que yo daba clases, aún siendo estudiante, siempre estaba delatando a sus compañeros; dándome quejas para que yo los reportara. Todo el tiempo lo estuve evadiendo hasta que un día, ante una delación suya, no pude más y le dije:

—¿Tú quieres que le quite el pase del fin de semana a tu compañero?

—No, profesor, pero la disciplina no debe romperse —me contesta insolente.

—¿Tú has tenido problemas personales con ese alumno? —pregunté incisivo.

—¿Profesor, ¿usted está insinuando que yo quiero perjudicar a ese compañero? Lo que yo veo es que usted no le pone reportes a nadie, y eso no le va a gustar al director.

—Mira, alumno, te voy a ser muy sincero. Ante todo yo soy un recluta del SMO y he perdido muchos pases por culpa de hijos de puta que se encarnaron en mí, por eso no me gusta poner reportes; prefiero conversar con el alumno para mejorar su conducta: espero que me hayas entendido. Por otra parte, quiero decirte que tus criterios en cuanto al orden y al control se valoran mucho en este Sistema, por lo que tienes un futuro prometedor en este país, pero mientras que yo sea tu jefe déjame a mí la disciplina del grupo y ocúpate tú de tus estudios.

El saldo final de aquellos meses en Belén fue que pude hacer mis muñequitos con el convencimiento de los jefes de la escuela de que aquellos dibujos eran colaboraciones gratuitas, como la que hice del cacique Hatuey, cuando en realidad me pagaban 200 pesos por historieta, que en esa época era dinero. Por lo tanto, fui un recluta del Servicio Militar Obligatorio que ganó durante unos meses 207 pesos. Los siete pesos era el sueldo que «generosamente» cobrábamos por el SMO para cubrir nuestros gastos mensuales.

LA VANIDAD Y EL SARGENTO

La vanidad es una ilusión que a algunos seres humanos les gusta exhibir con arrogancia. Existe la vanidad de la buena, la que se sustenta en valores reales y se muestra con orgullo; y la vanidad que es en vano, aquella que se apega a los hechos más banales.

El sargento de segunda René padecía de ese mal. Era flaquito y escupía al hablar durante su húmeda conversación; al caminar sacaba el pecho como si marchara en un desfile, y engolaba la voz tratando de inspirar respeto, pero lo que conseguía era todo lo contrario.

Para René era muy importante que lo saludaran militarmente y cuadrándose al mismo tiempo, eso le reforzaba su ego maltrecho. Yo desde un principio le dije «que se bajara de esa nube», porque como profesores «éramos iguales».

Una tarde, que me hallaba en la escuela de Belén, me dieron un documento para que se lo entregara al sargento René y éste a su vez, al arribar a la unidad, se lo hiciera llegar al político. Me eché el papel en el bolsillo y fui al encuentro del sargento con la intención de aprovechar el viaje y regresar con él a la unidad. Vi el camión, pero el chofer no había llegado todavía. El sargento, que esperaba sentado e impaciente, se bajó del camión y me dejó pasar para que me ubicara en el medio del asiento. Después él entró y ocupó el asiento de la ventanilla, sólo faltaba el chofer que había ido al baño. Me llama la atención que el sargento saca el brazo por fuera de la ventanilla para ostentar sus grados de sargento de segunda; a cada rato los miraba y cambiaba el brazo de posición, estudiando cómo se veían mejor los grados. Al ver esta actitud, se me ocurrió una idea que me provocó una sonrisa maliciosa.

—Permiso, René, déjame salir que voy a aprovechar que no llega el chofer para ir al baño.

—Apúrate que estamos retrasados —me responde.

Realmente no fui al baño sino que estaba esperando detrás de una columna hasta que llegara el chofer. Entonces, me aparezco y le digo al sargento:

—Échate para allá, por favor.

En ese momento, en vez de moverse al centro se bajó del camión otra vez y me dijo que entrara, para él tomar de nuevo la ventanilla, y es cuando le digo:

—René, ¿cuál es tu problema?; ¿por qué no puedes sentarte en el centro?

—Bueno... es que soy el sargento y debo ir en la ventanilla.

—Y, ¿quién dijo eso? —contesté arrogante.

—Siempre ha sido así...

—No, René, creo que lo que tú quieres es sacar tus grados a pasear, y para eso no hay nada mejor que una buena ventanilla.

EL ALARDOSO

El camión iba dando tumbos camino a la escuela de artillería por una calle llena de baches, cuando le comenté al sargento René:

—René, se me olvidó decirte que tienes que entregar este documento al político para que lo lea al personal.

Durante el viaje yo me sonreía acordándome que por curiosidad había leído el escrito y el contenido era sobre la guerra de Vietnam, lo que me motivó a jugarle una broma a un profesor que se comportaba como un fanfarrón, y que era de apellido Ruiz.

Este profesor no tenía grados, pero se había enrolado en el ejército voluntariamente, y siempre presumía de su disposición combativa. Su frase favorita era: «A donde sea y *pa'* lo que sea». Tenía un porte militar intachable y su voz de mando se podía oír en lo último del campamento. Su uniforme de sastre y planchado en tintorería completaba la imagen de este alardoso.

Entrando al campamento voy directo a ver a Ruiz y le digo sin anestesia:

—Ruiz, te llegó la hora.

—¿Qué hora? —pregunta intrigado.

—La hora de demostrar todo lo que dices siempre, que contigo pueden contar «donde sea y *pa'* lo que sea».

—¿Qué tú quieres decir con eso?
—Que llegó un manifiesto donde dice que se solicitan voluntarios para ir a la guerra de Vietnam, y yo estoy seguro que tú serás de los primeros, ¿no?
—Bueno, yo... —me responde balbuceante.
—Bueno qué, no me digas que te vas a rajar, porque te has pasado todo el tiempo en un alarde constante y este es el momento de dar un paso al frente.
—Pero, hay que ver las condiciones porque mi mamá está enferma...
—Ruiz, tú estás culipandeando, pero bueno, ése es tu problema.

Lo dejé con la boca abierta y corriendo rápido para el baño.

Una hora después reúnen a toda la unidad, y con un aire de solemnidad el político comienza a leer el escrito en cuestión. Ruiz se movía incómodo en la silla, y cuando el texto mencionó la solidaridad con esa guerra, le empezaron a correr gotas de sudor a medida que avanzaba la lectura. En ésta lo que realmente se solicitaba era solamente un apoyo simbólico y no de voluntariedad para participar directamente en esa guerra.

Cuando Ruiz se percató que no era lo que yo le había dicho, me mira con ojos de odio y leo en sus labios, a la distancia, que me dice: «*Hijo e puta*». Ese día comprendí que de mal agradecidos está lleno el mundo, porque con mi broma le hice saber cuál era su real disposición de combate, que no era precisamente:

«*Pa'* lo que sea» y mucho menos: «a donde sea».

LA FERIA MILITAR

De pequeño mi mamá me llevaba a la feria que llegaba todos los años a mi barrio, Santos Suárez. Allí montaba en el carrusel de caballitos de pintura descascarada. Otra de las atracciones era lanzar la pelota contra una diana que provocaba que una muchacha cayera en un tanque de agua; también estaba el tiro al blanco para tumbar, con una escopeta de municiones, a unos paticos huidizos. Quién me iba a decir a mí que años después participaría en una feria, pero militar y con cañones de verdad.

La feria se realizó en un área llamada Feria de la Juventud, frente a la Terminal de Ómnibus de La Habana. Para mi asombro me seleccionaron como jefe de una de las piezas de artillería que participaría, porque según ellos como yo era profesor de teoría de esa pieza era el más indicado para explicarle al público el funcionamiento de su mecanismo, aunque en la práctica nunca me había «enfrentado» a ese armamento. En ese sentido era primerizo e iba a pagar la novatada durante la exhibición.

Llegó el día de la inauguración y aquella atracción se llenó de público, debido a que por esa época no había muchos sitios de entretenimientos, y ver armamentos en acción atraía a muchos curiosos. Lo único que faltaba allí era el algodón de azúcar y las rositas de maíz. Los dos reclutas que me acompañaban sabían menos que yo, pero eso no era importante, lo principal era pasarlo bien. Estábamos en la calle y conversábamos con muchas jóvenes a las que les atraían nuestro uniforme. Una de ellas que parecía una *femme fatale*, me mira lánguidamente y me dice con esa despreocupación técnica, tan femenina:

—Y, ¿eso cómo funciona?

—Bueno, es un cañón muy moderno que funciona con electricidad —digo con aire autosuficiente, pero ella insiste:

—A ver, haz la prueba.

—Espera y verás —contesté.

Teóricamente yo sabía que la pieza se movía por una batería eléctrica, a través de una llavecita, pero nunca lo había hecho en la práctica. Así que para no quedar mal con ella y previendo quizás una relación futura más estrecha, me lancé al ruedo. Después de ubicarme en el asiento del cañón, con un aire de seguridad y profesionalismo, accioné la llavecita con cuidado, cuando de pronto el cañón sube abruptamente hasta chocar con el tope del ángulo de elevación, produciendo un gran estruendo. La gente se asustó y yo aún más, pero eso no terminó allí.

Accioné la llave aquella a la derecha y empieza a girar a toda velocidad en forma circular y descontrolada. Algunos se tiraron al suelo; otros, corrían delante del cañón; yo tratando de parar aquello volví a darle a la llavecita, esta vez en sentido contrario, lo que provocó otro movimiento circular, pero al revés. Los que se habían recuperado del susto se volvieron a tirar al suelo ensuciándose aún más la ropa. De todas partes venía gente que pensaba que aquello era un show cómico. Esto estuvo sucediendo unos minutos que para mí fueron una eternidad, hasta que por casualidad logré detener al fin el ridículo que me hacía pasar aquella pieza infernal.

Todos me miraban perplejos, también la mujer fatal a la que había arruinado su vestido, y la posibilidad de una relación más íntima. En los días restantes de la feria, nuestra pieza fue la única que no hacía demostraciones en vivo, el cañón quedó fijo en su última posición como debut y despedida.

IV
LA ÚLTIMA PARADA

EL DEPARTAMENTO DE ECONOMÍA

La feria militar, después de todo, tuvo para mí un saldo positivo, pues en uno de esos días de exhibición pasó por allá Borges, aquel que fue profesor en la escuela de artillería. Borges me contó que ahora estaba ubicado en una oficina de Economía de la Fuerza Aérea, radicada en Marianao, y que allí salía de pase todos los días como un trabajador civil. Añadió que se había enterado que estaban buscando un dibujante para confeccionar gráficos y tablas para su departamento; me preguntó si me interesaba. «Por supuesto» contesté de inmediato, pero que ellos tendrían que solicitar mi traslado.

Pasaron los días y una tarde recibí la orden de traslado para ese departamento. Mi cara se iluminó, dormiría en mi casa todos los días, eso era del lobo, un pelo.

Yo no sabía nada de contabilidad, pero ellos me dijeron que el trabajo era mucho de sentido común; pero la verdad, en esa época no era mi fuerte, no la contabilidad, sino el sentido común.

Cuando llegué a la oficina el primer día, me encontré a Gerardo que había sido alumno mío y que laboraba allí como trabajador civil de las Fuerzas Armadas. Él me explica que lo habían licenciado por loco. Yo le dije que lo que era de loco era licenciarse y seguir trabajando en el ejército, y su respuesta fue:

—Mi hermano, ¿tú sabes qué me ofrecían en el Ministerio de Trabajo?: cazador de cocodrilos en la Ciénaga de Zapata o enterrador en el cementerio.

Así era Gerardo, siempre de buen humor y con el último chiste a mano, aunque eso le sucedió realmente.

El departamento de Economía era también otro chiste, me acuerdo de sus controles económicos, los mismos descontroles que eran comunes en todas las dependencias del Estado. Ejemplo de ello fue el día que hubo que sacar el costo de una pieza de repuesto de un avión, y las referencias de estos precios estaban en una carpeta con cubierta de madera —está de más que diga que eran rusas—; el precio de la pieza era importante para saber el valor total de la reparación. Después de estar buscando todo el día, encontramos por casualidad en la carpeta un nombre parecido y cuyo precio era de 800,000 pesos. Consultamos al jefe, quien sin pensarlo nos dijo:

—Perfecto, pongan esa cantidad y sigan adelante que estamos retrasados con el informe mensual de la emulación.

Meses después llegaron nuevas carpetas con datos más precisos y descubrimos que el valor real de la pieza era sólo de diez centavos.

Esto que les cuento no es una invención mía, es la pura verdad, así crecían los números en aquellos tiempos.

EL CRECIMIENTO

En esa unidad no crecían las cifras solamente, llegó el día del «Crecimiento de la Juventud»; así llamaban a las asambleas donde se discutía la posibilidad de aumentar las filas de esa organización con jóvenes afines al Sistema, cuya misión incondicional era llegar a ser «un hombre nuevo», hecho a la medida del Gobierno. Con este objetivo, nos reunieron después de las cinco de la tarde a todos los militares y civiles que trabajábamos en la base. La actividad consistía en que alguien proponía a una persona, después tenía que fundamentar sus méritos y más tarde participaba algún otro aportando más datos de la historia personal del propuesto. Varios de los asistentes fueron siendo seleccionados hasta que un personajillo de la unidad, conocido por ser un «lame botas», levanta la mano con insistencia y propone a Gerardo. Éste, sorprendido, se levanta rápidamente y plantea:

—Perdone, compañero, yo creo que en estos momentos no reúno los méritos necesarios para ser de la Juventud.

En ese instante, veo un cruce de miradas cómplices entre el proponente y otro participante de la asamblea, que levanta su mano y lanza un veneno:

—El compañero Gerardo no tiene los méritos necesarios para ser de la Juventud, porque cuando en la unidad en que nos encontrábamos se produjo una explosión por causa de un accidente, donde hubo varios muertos y heridos, muchos de esos heridos ayudaron a los demás compañeros en desgracia, mientras que el compañero Gerardo gritaba: «¡Mi cara, mi cara!», con un pánico egoísta. En ese momento sólo pensaba en sí mismo, por lo que creo que su actitud no lo hace merecedor de formar parte de este «Crecimiento de la Juventud».

Yo no pude aguantar más y ante tanta vileza pedí la palabra:

—Quiero que me digan qué harían ustedes si se queman la cara y se quedan ciegos, que es lo que aquí no se ha mencionado: ¿Cómo se podría ayudar a alguien si no se puede ver nada y, al mismo tiempo, sufriendo los estragos de una terrible quemadura? Por otra parte, yo creo que es muy raro que lo hayan propuesto personas que saben perfectamente lo que pasó en realidad.

Mis argumentos no influyeron en nada, y la manipulada asamblea, como un circo romano, bajó su dedo acusador y lo convirtió en persona *non grata*.

Aquellos eran tiempos duros, donde se ponía a prueba la verdadera condición humana. Nos fuimos antes de que se acabara la asamblea, y en el camino a la parada del ómnibus, aún con el recuerdo de su humillación, Gerardo me preguntó:

—¿Por qué habrá gente tan hijo e' puta?

Y yo le contesté:

—Mira mi socio, la respuesta se la dio el escorpión al sapo cuando éste lo trató de salvar de ahogarse y, sin embargo, le clavó el aguijón: «Es mi naturaleza» le dijo el escorpión.

LOS RECLUTAS VIEJOS

En el camino al comedor había que pasar por varios departamentos de la base, y en todos, el comentario era el mismo: por la tarde llegaría un nuevo grupo de reclutas que quizá serían los que sustituirían a los que nos quedaban apenas unos meses de servicio militar.

Un sargento comentó:

—Ya verán, es un tipo de reclutas poco común, muy diferente.

Aquello nos llamó la atención aún más.

En la tarde se aproximan varios camiones, de donde se va bajando la nueva adquisición de la base. Casi todos interrumpimos nuestro trabajo para recibirlos, con más curiosidad que cortesía, y según se van acercando, descubrimos algo que nos deja asombrados: estos reclutas con el sello del SMO pegado en sus camisas, no eran jovencitos, al contrario, eran personas mayores entre los cincuenta y sesenta años. Había en todo aquello un absurdo que se fue despejando con los días.

El antecedente de este hecho fue lo ocurrido tiempo atrás, cuando el navegante de un avión de Cubana de Aviación pretende secuestrar la nave para llevarla a Miami, y en el intento mata al piloto. El copiloto, amenazado con una pistola, le hace creer que lo va a llevar a Miami, cuando en realidad aterriza en La

Habana. El secuestrador al verse descubierto se lanza del avión y huye durante días, se refugia en un convento católico, donde es capturado y posteriormente fusilado. El evento provocó una depuración política en Cubana de Aviación. Todo el que hubiera hecho algún comentario que pareciera desafecto o que no se mostrara abiertamente identificado con el Régimen, fue sacado de su trabajo y forzado a ingresar al Servicio Militar Obligatorio. No entendían el porqué los habían reclutados si con sacarlos de sus trabajos le habría bastado al Gobierno.

La respuesta era simple: fue una manera de humillarlos por no pensar igual, y con ello dar una condena ejemplarizante para los que quedaran en la aviación civil. Como resultado, Cubana de Aviación perdió decenas de pilotos, controladores de vuelo, mecánicos y técnicos en general, y convirtió en verdaderos desafectos a todos aquellos que fueron reclutados. No se podía esperar nada menos.

Hice amistad con varios de ellos. Eran gentes muy decentes, formados en los años de la República, con la educación y en las tradiciones que caracterizaban al cubano.

Estos viejos reclutas, como buenos profesionales, habían adquirido de otra época sus propios automóviles, que dejaban situados frente a la base todas las mañanas: Cadillac's, Jeep's y convertibles, en los que regresaban a sus casas diariamente.

Los muchachones tenían un solo defecto: eran rencorosos. Pasaban en sus autos frente a los sargentos y tenientes que iban en camino a tomar sus ómnibus, diciéndoles simplemente adiós, y no eran capaces de llevarlos, porque ellos decían que cada quien tiene lo que se merece.

EL TREN DEL OLVIDO

El departamento de Economía era el último eslabón de mi estancia en el ejército. El tiempo allí transcurría un poco más tranquilo que en otras unidades en las que había estado, aunque aquel sábado a las doce menos cuarto, a punto de salir de pase, se rompería aquella aparente armonía, al llegar un sargento que nos comunicó que estaban seleccionando a dos reclutas por cada sección para un trabajo especial que tomaría unas horas.

Fui parte de la selección, y conformándome a que me echarían a perder el sábado, me integré al grupo que estaban creando. Nos esperaba un camión que nos llevó por más de una hora hasta nuestro destino: un vagón de carga estacionado al lado de un almacén. El sargento, imperativamente, nos dijo:

—Lleven esas cajas del tren al almacén, que yo regreso después. —Y se fue.

Por allí no había un alma, y lo primero que pensamos era que si nos poníamos a trabajar enseguida terminaríamos lo antes posible, pero como estábamos sin un jefe nadie tomaba la iniciativa.

Frente a esa contradicción, uno de nosotros, con una energía increíble, como un loco empieza a cargar las pesadas cajas y mientras más cargaba y aumentaba la velocidad de su trabajo, más perplejos nos dejaba, y menos deseos de imitarlo. De pronto se detiene y nos dice:

—¡Así que no van a trabajar y yo estoy haciendo el papel de comemierda, pues ahora no pincho más pa' nadie! —Y se fue para un rincón, bravísimo.

Pasó una hora y las cajas seguían en su lugar, hasta que alguien dijo algo coherente:

—Si no empezamos ya, nunca nos vamos a poder ir de aquí.

Era razonable, por lo que uno a uno nos fuimos incorporando a la faena hasta terminar la labor horas después.

El recluta que al principio «se mandó a correr» con el trabajo, seguía bravo en un rincón y cuando colocamos la última caja en el almacén, se viró para nosotros con una cara más relajada y con una sonrisa burlona nos dijo:

—¡Ya terminaron!, que bueno.

Todo su alarde laboral fue una estrategia barata para trabajar menos, pero, como dijo José Martí: «Todos los pícaros son tontos», porque el problema real que teníamos en ese momento era aún mayor: habíamos terminado la misión, pero el sargento no llegaba para autorizar nuestra salida.

—Yo me voy —dijo un recluta.

—Si nos vamos sin autorización pueden decir que abandonamos nuestro puesto o, peor aún, que nos fugamos —replicó otro, preocupado.

Ante la duda nos abstuvimos de tomar una decisión.

Comienza a oscurecer y seguimos aguardando, ya sin esperanza alguna. Lo que sí aparece es tremenda hambre, que hace que recorramos los vagones de aquel tren para ver si encontrábamos algo de comer, y lo único que vimos fue una cazuela con pedazos de pollo dentro de una grasa coagulada y rancia, sin la más mínima idea desde cuándo estaba allí. Desechamos esa cazuela, pero no apareció nada más por todo el tren. Lo que sí se presentó sin ser invitado fue un frente frío que calaba los huesos. Ante esto, nos refugiamos en los vagones en busca de calor y abrigo, pero había más frío dentro de éstos que afuera. En la madrugada reapareció el hambre, pero esta vez atroz.

Yo fui el primero en regresar a aquella cazuela de pollos rancios, metí la mano y saqué un triste muslo al que quité la grasa blanca que lo rodeaba y con gusto me lo llevé a la boca. Sabía delicioso, *bocatto di cardenale*. Aquello apaciguó un poco el frío, a pesar de eso, no pudimos dormir en toda la noche, parecía que estábamos en un congelador.

Después de estoicamente soportar aquel tormento, al fin amanece para salvarnos de la pesadilla, sin embargo, el sargento no se ve por ninguna parte. Al mediodía del domingo decidimos que aquello era un descaro, y que si nos íbamos todos no podrían hacer nada en contra nuestra. Y así fue, nos retiramos para aprovechar lo que quedaba del fin de semana.

La experiencia del tren ocurrió un mes antes de que me dieran la baja del servicio militar. Era un «regalo de despedida» que nos hicieron, con el fin de que recordáramos que, para ellos, nosotros éramos simples marionetas que manejaban a su antojo.

LA ÚLTIMA ZAFRA

En la base aérea estaban organizando los contingentes de corte de caña de azúcar para reforzar la zafra de ese año. Escogieron a varios reclutas por cada departamento y de nuevo caí entre los «afortunados» de ese invento. Parecía que se iba a romper el record que yo poseía, pues en los veintidós años que viví bajo el Sistema, sólo fui dos domingos a intentar cortar caña. Mis ángeles de la guarda fueron mis pinceles, los que me ayudaron a liberarme de ese tormento. Por considerar esto casi una heroicidad, me gustaría contarles el principio de mi odisea cañera.

Quisiera, ante todo, aclarar que no soy diabético y que no tengo nada personal contra el azúcar, pero soy de los que siempre hemos pensado que «la caña que la tumbe el viento o la tumbe Lola con su movimiento».

Mi primera experiencia azucarera fue en 1960, cuando en la escuela de diseño gráfico hablaron por primera vez de ir el domingo a cortar caña. Nos lo presentaron como un picnic y como una competencia para ver quien cortaba más caña, todo un reto juvenil. Nos recogió un camión, y durante todo el viaje lo pasamos cantando y haciendo chistes, hasta que llegamos a nuestro destino. Al bajarnos del camión nos dan una mocha medio afilada y nos indican el surco que debíamos arrasar. A mí me pareció que mi surco era interminable, y enseguida vi que me quedaba atrás. Un campesino se me acercó para decirme que estaba dando el corte muy abajo; después vino otro campesino y me dijo que lo estaba haciendo muy arriba; como no entendía nada me fui a tomar agua. Bueno, me pasé casi todo el tiempo tomando agua hasta que desistí de llegar al final de aquel surco infinito.

Varias semanas después intenté ir otro domingo, pero el resultado fue el mismo. La realidad era que yo no tenía nada que ver con el corte de caña, el campo para mí era un paisaje con el único propósito de ser pintado.

Como les comenté al principio, la otra oportunidad de caer en un campo de caña fue estando en el departamento de economía de la base aérea donde me encontraba. Otra vez se empiezan a crear los dichosos contingentes cañeros, y pensé: «¡Chico, pero que insistencia la de esta gente!» Pues sí, ya me veía hecho guarapo, porque estaba en la lista de los seleccionados.

Estando ya resignado, aparece una tabla de salvación: el del sindicato de trabajadores civiles de la base me pregunta que si yo puedo pintar algo alegórico para celebrar el Primero de Mayo; y le dije que por supuesto, que sólo necesitaba algunos materiales y que podía empezar de inmediato.

Para esta misión se me ocurrió pintar dos retratos de 4x8 pies, cada uno, con las imágenes de Jesús Menéndez y Antonio Maceo, y un letrero que decía: «VIVA EL PRIMERO DE MAYO».

Días después, el sargento que organizaba el contingente cañero me ve pintando aquella decoración laboral y me pregunta alterado:

—Recluta, ¿cómo es posible que esté en esa actividad si mañana tiene que ir *pa'* la caña?

A lo que respondí:

—Mire, sargento, este es un trabajo que está autorizado por el capitán —y agregué—, si tiene alguna duda vaya y pregúntele al jefe.

Por supuesto que no le preguntó nada.

Ese año la unidad celebró el Primero de Mayo por todo lo alto, con pinturas conmemorativas, aunque lamentando otra vez mi ausencia en los campos de caña.

LA DESPEDIDA

Junio de 1967

Hay un refrán que dice: «No hay mal que dure cien años ni cuerpo que lo resista», y es cierto, todo llega a su fin y había llegado mi último día en el Servicio Militar Obligatorio.

Como éramos varios los que nos licenciaríamos ese día, en la unidad trataron de hacernos una especie de despedida: un motivito con torticas de Morón y refrescos de guachipupa, pero primero nos dieron el documento que acreditaba la baja del Servicio Militar Obligatorio; después vendría el brindis. Ellos se imaginarían qué yo iba a brindar por los tres años que me sacaron de circulación; acaso pretendían que los felicitara como los rehenes de un secuestro que padecen el síndrome de Estocolmo, aquellos que aman a sus secuestradores después de que los liberan. Por lo mismo no entendía el porqué aquel grupo de reclutas festejaba la baja con sus propios captores.

Me alejé de aquella pachanga sin sentido, y es que tenía prisa, pues llevaba una bolsa con una preciada carga: mi ropa de civil. Fui directamente al baño, me quité el uniforme y lo puse en la misma bolsa, y cuando pasé por el latón de la basura lo tiré como quien se quita un peso de encima. Ya vestido de persona se me ocurrió algo infantil, pasearme por toda la unidad con ropa de calle, quería que todo el personal y hasta las paredes del lugar supieran que ya no les pertenecía, y que cuando cruzara el umbral de la entrada de la unidad rumbo a mi casa ya no sería propiedad del Estado.

Estando con la alegría de un preso que recupera su libertad, choqué con la presencia de aquel sargento que un día pretendió mandarme a la zafra a cortar caña y que, además, me destruyera un pase de fin de semana cuando me mandó a trabajar en el tren militar; quien al acercarse muy jovial —parecía otra persona— paternalmente me preguntó:

—Bueno, ¿y qué piensas hacer en tu nueva vida?

Lo miré con ganas de mandarlo bien lejos y le dije:

—Lo mismo que estaba haciendo cuando ustedes solicitaron mi presencia durante estos tres años —y agregué—: Imagínese el atraso que significó en mi profesión este tiempo perdido.

Ante esta respuesta, me respondió a su vez muy contrariado:

—Pero, recluta, la patria…

No lo dejé continuar.

—Sargento, yo ERA recluta, y perdóneme que estoy muy apurado.

Ya en la calle, me puse a releer el documento de la baja del servicio militar cuando aparece el ómnibus que estaba esperando. Tuve suerte, logré tomar un asiento con ventanilla desde donde pude ver como la unidad se iba perdiendo en la distancia, y con ella mi relación con el verde olivo. En ese momento me vino a la mente el 17 de abril de 1964, cuando me decía a mí mismo: «Es increíble, ¿qué hago yo enfundado en este uniforme?» Tres años después, mi ropa recuperaba colores más vivos, aunque no tan optimistas, porque tenía la certidumbre de que allá afuera encontraría un cuartel mucho mayor.

Acerca del autor

Luis Vega de Castro

Nació en La Habana, el 4 de octubre de 1944. Estudió cerámica, fotografía, artes plásticas, en la Escuela de Bellas Artes San Alejandro y la licenciatura en Historia del Arte en la Universidad de La Habana.

Desde 1980 reside en Estados Unidos de América. Ha trabajado en ilustración, diseño de carteles y dibujo. Creó un concepto renovado de historietas gráficas, publicadas en la revista Cuba Internacional. Actualmente se ha dedicado exclusivamente a la pintura con notable éxito, se le reconoce entre los mejores paisajistas de nivel internacional. Su obra cautiva al observador por medio de la paz y el sosiego que transmiten convirtiéndolas en un espacio deseado, que nos evoca a su natal Cuba por medio de la exuberante vegetación tropical.

Luis vega nos trae ahora una nueva faceta de su creatividad con la presentación de *El Recluta 51*, libro que nos relata sus vivencias dentro del fatídico «Primer Llamado del Servicio Militar Obligatorio», en la isla de Cuba, con motivo de cumplirse este año el 50 aniversario de ese engendro.

Contacto con el autor

http://www.luisvega-art.com
Email: luisvega.art@gmail.com
Facebook: https://www.facebook.com/luisf.vega.754

www.ingramcontent.com/pod-product-compliance
Lightning Source LLC
Chambersburg PA
CBHW071528040426
42452CB00008B/932